Einsamkeit – die Herausforderung unserer Zeit

Udo Rauchfleisch

Einsamkeit – die Herausforderung unserer Zeit

Analysen und Vorschläge

Patmos Verlag

VERLAGSGRUPPE PATMOS

PATMOS
ESCHBACH
GRÜNEWALD
THORBECKE
SCHWABEN
VER SACRUM

Die Verlagsgruppe
mit Sinn für das Leben

MIX
Papier | Fördert gute Waldnutzung
FSC® C014496

Die Verlagsgruppe Patmos ist sich ihrer Verantwortung gegenüber unserer Umwelt bewusst. Wir folgen dem Prinzip der Nachhaltigkeit und streben den Einklang von wirtschaftlicher Entwicklung, sozialer Sicherheit und Erhaltung unserer natürlichen Lebensgrundlagen an. Näheres zur Nachhaltigkeitsstrategie der Verlagsgruppe Patmos auf unserer Website www.verlagsgruppe-patmos.de/nachhaltig-gut-leben
Übereinstimmend mit der EU-Verordnung zur allgemeinen Produktsicherheit (GPSR) stellen wir sicher, dass unsere Produkte die Sicherheitsstandards erfüllen. Näheres dazu auf unserer Website www.verlagsgruppe-patmos.de/produktsicherheit. Bei Fragen zur Produktsicherheit wenden Sie sich bitte an produktsicherheit@verlagsgruppe-patmos.de

Bibliografische Information der Deutschen Nationalbibliothek
Die Deutsche Nationalbibliothek verzeichnet diese Publikation in der Deutschen Nationalbibliografie; detaillierte bibliografische Daten sind im Internet über http://dnb.d-nb.de abrufbar.

2. Auflage 2025

Verlagsgruppe Patmos in der Schwabenverlag AG, Senefelderstr. 12, 73760 Ostfildern
www.patmos.de

Umschlaggestaltung: Finken & Bumiller, Stuttgart
Gestaltung, Satz und Repro: Schwabenverlag AG, Ostfildern
Druck: GGP Media GmbH, Pößneck
Hergestellt in Deutschland
ISBN 978-3-8436-1526-6

Inhalt

Vorwort

Lange Zeit war Einsamkeit vor allem ein Thema der Philosoph:innen[1], die sich mit den verschiedenen Formen der Einsamkeit und deren Bedeutung im individuellen wie im gesellschaftlichen Leben auseinandergesetzt haben. Sie haben die Einsamkeit als eine existenzielle menschliche Grundsituation beschrieben, die uns alle betrifft und mit der wir in den verschiedensten Kontexten unseres Lebens immer wieder konfrontiert sind. Dabei war eines der wesentlichen Merkmale der Einsamkeit, dass sie sich zwischen zwei Polen bewegt: Es gibt „auf der einen Seite die positive, schöpferische Einsamkeit, auf der anderen Seite die negative, quälende Vereinsamung“[2] – eine Sicht, die auch von vielen Künstler:innen geteilt wurde.

Zu einem in der breiteren Gesellschaft diskutierten Thema ist die Einsamkeit erst im 20. Jahrhundert geworden, als sich auch Soziologie, Psychologie und andere Fächer dafür zu interessieren begannen. Auch in die Popmusik hat das Thema Einsamkeit Einzug genommen, als 1966 die Beatles sangen: „All the lonely people, where do they all come from?“

In den letzten Jahren ist Einsamkeit, vor allem unter dem Einfluss der Covid-19-Pandemie, dann zu einem der zentralen Themen geworden, die zum Teil hoch emotional in den Medien diskutiert werden. So warnt Roger Staub, Geschäftsleiter der Schweizer Stiftung *Pro Mente Sana*, in einem Interview: „Wer unter Einsamkeit leidet, hat eine um zehn bis 20 Jahre tiefere Lebenserwartung. Einsam zu sein ist so schlecht für die Gesundheit wie Alkohol, Rauchen und Übergewicht kombiniert.“[3] In anderen Beiträgen ist die Rede von Einsamkeit als dem „unerkannten Killer“[4] und sogar als dem „Monster der Moderne“[5].

Es ist indes nicht nur die Aktualität des Themas „Einsamkeit“, die mich dazu bewogen hat, dieses Buch zu schreiben. In meinem beruflichen Bereich, in der Psychotherapie mit Menschen, die zum Teil unter schwerwiegenden psychischen Problemen leiden, ist Einsamkeit eigentlich immer ein sie stark bewegendes Gefühl. Ganz besonders gilt dies für die Patient:innen, die unter schweren psychischen Störungen leiden und zugleich in sozial desolaten Situationen leben. In der Arbeit mit ihnen erlebe ich die mitunter extreme soziale Ausgrenzung und Benachteiligung, der sie ausgesetzt sind, und ihr Abgeschnittensein von der Teilhabe an all dem, was uns anderen selbstverständlich erscheint.

Auch in der therapeutischen Arbeit mit Flüchtlingen und bei der ehrenamtlichen Begleitung von Asylsuchenden begegne ich Menschen in verzweifelten Situationen der Einsamkeit. Ich werde über diese Erfahrungen in den betreffenden Kapiteln dieses Buches berichten. Alle Fallbeispiele in diesem Buch habe ich auf der Grundlage von realen Situationen formuliert, die Klient:innen mir berichtet haben, wobei ich aber jeweils Teile aus verschiedenen Lebensgeschichten zu einem Beispiel zusammengefügt habe, sodass die Anonymität der einzelnen Personen absolut gewährleistet ist. Die genannten Namen sind fiktiv.

Die Auseinandersetzung mit den Einsamkeitsgefühlen der von mir betreuten Personen hat schließlich dazu geführt, dass mich das Thema, nicht zuletzt ausgelöst durch die Covid-19-Pandemie, immer stärker beschäftigt und mich schließlich geradezu in seinen Bann gezogen hat. Ist es doch ein existenzielles Gefühl, das wir alle kennen und das uns alle in irgendeiner Weise lebenslang begleitet.

Einsamkeit ist zwar ein Gefühl, das wir individuell erleben und erleiden. Ihm liegen jedoch neben individuellen auch gesellschaftliche und sogar globale Ursachen zugrunde. Nach einer kurzen Klärung dessen, was wir unter Einsamkeit verstehen (Einleitung), setze ich mich in den Kapiteln 1 bis 4 mit den Ursachen von Einsamkeitsgefühlen auseinander, zunächst mit den globalen Ursachen, hier diskutiert an den Beispielen der Covid-19-Pandemie und des Klimawandels (Kapitel 1), und dann mit den gesellschaftlichen Ursachen (Kapitel 2). Den größten Raum nimmt die Darstellung der individuellen Ursachen in Kapitel 3 und der zwischenmenschlichen Ursachen (Kapitel 4) ein.

Da Einsamkeitsgefühle eine große Zahl von zum Teil schwerwiegenden Folgen haben, diskutiere ich in Kapitel 5 diese negativen Auswirkungen (psychische Folgen, körperliche Erkrankungen, sozialer Abstieg). Die Auseinandersetzung mit Einsamkeitsgefühlen bliebe indes sehr einseitig, wenn ich nicht am Kapitelende auch auf ihre positiven Seiten eingehen würde.

Es wäre allerdings ein trauriges Fazit, wenn es bei der Auflistung der Ursachen und der Folgen von Einsamkeitsgefühlen bliebe. In Kapitel 6 setze ich mich deshalb intensiv mit der Frage auseinander, was einsame Menschen und was wir alle gegen Einsamkeit tun können. Dabei gehe ich umgekehrt wie in den ersten Kapiteln dieses Buches vor: Hier beginne ich mit den individuellen Strategien und gehe dann weiter zu den gesellschaftlichen und globalen Möglichkeiten.

Einen besonderen Dank möchte ich Frau Dr. Christiane Neuen vom Patmos Verlag aussprechen. Sie hat mit ihren vielen Anregungen wesentlich zur Entstehung dieses Buches beigetragen. Mit ihrem Lektorat war sie für mich eine im besten Sinne des Wortes kritische und konstruktive Begleiterin.

Möge dieses Buch einen Beitrag zur Diskussion über Einsamkeit leisten und die Reflexion über dieses uns alle berührende Thema anregen.

Im Sommer 2023
Udo Rauchfleisch

Einleitung: Was ist Einsamkeit?

Bei einer Betrachtung der wissenschaftlichen Auseinandersetzung mit dem Phänomen „Einsamkeit" treffen wir auf sehr unterschiedliche Sichtweisen.

Seit der Antike bis in die Gegenwart hat dieses Thema die Philosoph:innen beschäftigt. Im 19., 20. und 21. Jahrhundert haben vor allem Friedrich Nietzsche, Arthur Schopenhauer, Martin Buber, Emmanuel Levinas, Odo Marquard und Lars Svendsen wichtige Beiträge geliefert, indem sie darauf hingewiesen haben, dass die Einsamkeit eine Grundbefindlichkeit des Menschen ist. So spricht Odo Marquard[6] von der „Unvermeidbarkeit der Einsamkeit", von einem „positiven Einsamkeitsbedarf" und von „Einsamkeitskompetenz", und Lars Svendsen[7] betont die existenzielle Bedeutung der Einsamkeit.

Dabei fällt auf, dass diese Philosophen vor allem die positiven Seiten der Einsamkeit thematisieren und sie als Voraussetzung für Selbsterkenntnis und erfüllende Gemeinsamkeit verstehen. Paradigmatisch dafür seien zwei Zitate angeführt: Zum einen ein Aphorismus von Arthur Schopenhauer: „Nur in der Einsamkeit kann jeder ganz er *selbst sein*; in ihr allein ist Freiheit."[8] Zum anderen eine Passage aus der Schrift „Das Problem des Menschen" von Martin Buber: „Zu der Selbstbesinnung, von der ich spreche, ist am ehesten der sich vereinsamt fühlende Mensch geneigt und am ehesten befähigt […]. Die Zeiten der Geistesgeschichte, in denen bisher der anthropologische Gedanke seine Erfahrungstiefe fand, waren eben jene Zeiten, in denen sich des Menschen das Gefühl einer strengen, unausweichlichen Einsamkeit bemächtigte; und es waren die Einsamsten, in denen da der Gedanke fruchtbar wurde. Im Eis der Einsamkeit wird sich der Mensch am unerbittlichsten zur Frage, und eben daher, da die Frage grausam sein Heimlichstes aufruft und ins Spiel zieht, wird er sich zur Erfahrung."[9]

Im Gegensatz zu dem oben geschilderten philosophischen Verständnis von Einsamkeit stehen die sozialwissenschaftlichen und psychologischen Deutungen. Hier wird Einsamkeit fast ausnahmslos als unangenehmes Gefühl beschrieben, das vor allem bei Menschen entsteht, die sich als unfreiwillig allein und unverstanden empfinden. Die heute in diesen Fächern allgemein akzeptierte Definition besagt, dass Einsamkeit die Folge einer subjektiv wahrgenommenen Diskrepanz zwischen tatsächlichen und erwünschten Beziehungen ist.[10] Das Kriterium ist das schmerzhaft wahrgenommene subjektive Erleben, einsam zu sein, da das Bedürfnis nach sozialer Bindung nicht erfüllt ist und die vorhandenen sozialen Beziehungen und Kontakte nicht die gewünschte Qualität haben. Dabei ist die Qualität der sozialen Beziehungen wichtiger als die Quantität.[11]

Historisch kommt dem 1950 erschienenen Werk *The Lonely Crowd* (dt.: *Die einsame Masse*) von David Riesman[12] eine besondere Bedeutung zu. Durch ihn wurde die Einsamkeit des Menschen in den modernen Massengesellschaften zum feststehenden Topos. Riesman zufolge entsteht Einsamkeit vor allem in Gesellschaften, deren Mitglieder mehrheitlich einen „außengeleiteten Charakter" haben. Das bedeutet, sie orientieren sich daran, was „man" tut und was den allgemeinen Gepflogenheiten entspricht, unabhängig davon, was sie selbst eigentlich wollen. Diese Differenz zwischen den tatsächlichen Bedürfnissen eines Menschen und den Konventionen in seinem gesellschaftlichen Umfeld führt laut Riesman zu Einsamkeitsgefühlen. Weitere wichtige Anstöße für die Einsamkeitsforschung gingen von Weiss (1973) aus, der eine Differenzierung des Einsamkeitskonstrukts in die Komponenten emotionale und soziale Einsamkeit vornahm, sowie von Peplau & Perlman (1982) durch die Entwicklung der UCLA-Loneliness-Scale zur empirischen Erfassung von Einsamkeit.

Von „Einsamkeit" ist der Begriff „soziale Isolation" abzugrenzen. Mit sozialer Isolation wird der *objektive* Zustand des Alleinseins beschrieben, während, wie oben dargestellt, Einsamkeit das *subjektive* Erleben betrifft. Die Erfassung von Einsamkeit basiert meist auf Selbstauskünften der betreffenden Personen, während die soziale Isolation als eher objektives Konstrukt leichter messbar ist. Soziale Isolation kann als objektive Vereinzelung, gesellschaftliche Distanz oder als ein Fehlen an sozialen Beziehungen beschrieben werden. Indikatoren, die zur Messung von sozialer Isolation benutzt werden, sind z. B. die Lebensumstände (allein lebend vs. nicht allein lebend), der Beziehungsstatus oder die objektive Anzahl an Besuchen, die man in einer bestimmten Zeitspanne erhält.[13] Eine Person kann sich einsam fühlen, obwohl sie von außen betrachtet in ein großes soziales Netzwerk eingebunden ist.

Ebenfalls ist zu unterscheiden zwischen „Allein-Sein" und „Sich-einsam-Fühlen". Im Alltagssprachgebrauch werden diese beiden Begriffe zwar häufig synonym verwendet, sie bezeichnen jedoch nicht dasselbe. Während Einsamkeit das beschriebene subjektive Gefühl betrifft, ist „Allein-Sein" ein objektiv sichtbarer Zustand. Beides tritt zwar häufig zusammen auf, ist aber nicht notwendigerweise miteinander verknüpft.

In sozialwissenschaftlichen Studien wird zum Teil zwischen einer situationalen und einer chronischen Einsamkeit unterschieden. Die *situationale Einsamkeit* tritt meist als Folge von Ereignissen wie Trennung, Scheidung oder Tod eines nahestehenden Menschen auf oder bezieht sich auf den Verlust des Arbeitsplatzes oder auf körperliche Behinderung. In den folgenden Kapiteln werde ich vor allem Einsamkeitsgefühle dieser Art diskutieren, die allerdings bei länger andauernden Belastungen auch chronifizieren können.

Von *chronischer Einsamkeit* wird gesprochen, wenn ein Mensch unter Einsamkeitsgefühlen leidet, ohne dass ein bestimmtes aktuelles Ereignis identifizierbar ist. Als Ursache werden meist traumatische Erfahrungen von Ablehnung und Zurückweisung in der Kindheit angenommen. Im Laufe der Zeit verfestigt und chronifiziert sich das Gefühl der Einsamkeit, und es kommt zu einer Vielzahl von psychischen und körperlichen Störungen.[14]

Eine andere Differenzierung betrifft die Formen der emotionalen, sozialen und kollektiven Einsamkeit.[15] Die *emotionale Einsamkeit* (auch *intime Einsamkeit* genannt) bezieht sich auf den Mangel an einer sehr engen, intimen Beziehung, wie sie zum Beispiel in Paarbeziehungen zu finden ist; die *soziale Einsamkeit* (auch *relationale Einsamkeit* genannt) beinhaltet einen Mangel an Freundschaften und weiteren persönlichen Beziehungen, und die *kollektive Einsamkeit* bezeichnet das Gefühl der fehlenden Zugehörigkeit zu einer größeren Gemeinschaft oder zur Gesellschaft. In den folgenden Kapiteln wird es um alle drei Formen der Einsamkeit gehen.

Lange Zeit ging man davon aus, dass Einsamkeitsgefühle psychisch belastend seien. Es wurde jedoch nicht beachtet, dass auch körperliche Erkrankungen die Folge sein können. Bahnbrechend war in dieser Hinsicht eine Publikation von House et al. (1988), die in der renommierten Zeitschrift *Science* über die Resultate ihrer

Studie „Social Relationships and Health“ berichteten. Die Studie kommt zum Ergebnis, dass lang andauernde Einsamkeit zu einer deutlichen Steigerung von Morbidität und Mortalität führt: Wer einsam ist, wird häufiger krank und stirbt deutlich früher.[16]

Dieser alarmierende Befund hat sich in einer großen Zahl von Studien bestätigt. So schreibt Marion Sonnenmoser, bezugnehmend auf die Studie von House et al., Einsamkeit sei „gleichbedeutend mit permanentem Stress. Im Vergleich zu nicht einsamen Menschen schlafen einsame schlechter und können sich weniger gut erholen. Sie ernähren sich außerdem ungesünder, konsumieren mehr Alkohol und Zigaretten und bewegen sich weniger. Darüber hinaus leiden sie häufiger unter Herz-Kreislauf-Erkrankungen und Depressionen, klagen über ein verringertes Wohlbefinden und über eine schlechte Lebensqualität, haben ein geschwächtes Immunsystem, mehr Suizidgedanken und sterben früher.“[17]

Als Fazit ist festzuhalten: Chronische Einsamkeit senkt die Lebensqualität und wirkt sich negativ auf die körperliche und psychische Gesundheit aus. Einsamkeit ist damit ein auf individueller Ebene zu bewältigendes Problem, stellt aber auch eine Aufgabe breitflächiger Gesundheitsvorsorge auf politischer und gesellschaftlicher Ebene dar. Auf diese Fragen werde ich in verschiedenen Kapiteln dieses Buches ausführlich eingehen.

Einsamkeit ist in unserer Gesellschaft ein nach wie vor stark stigmatisiertes Thema,[18] wobei das Einsamkeitsstigma von starken Schamgefühlen begleitet ist. Dies ist denn auch eines der größten Hindernisse für die Inanspruchnahme psychosozialer Versorgung. Die Vermittlung von psychischer Gesundheitskompetenz (*mental health literacy*), d. h. von Wissen über das Erkennen, Bewältigen und die Prävention von psychischen Gesundheitsproblemen, kann dazu beitragen, Stigmata abzubauen.[19] Bücker[20] empfiehlt, die Vermittlung von psychischer Gesundheitskompetenz möglichst frühzeitig zu einem festen Bestandteil in der Ausbildung junger Menschen zu machen.

In der Forschung zu Einsamkeitsgefühlen sind verschiedene Methoden angewendet worden. Da die Befunde aus Untersuchungen wesentlich durch die verwendeten Methoden bestimmt sind, möchte ich hier wenigstens noch kurz auf diese Fragen eingehen.

Bei Studien zu gesellschaftlichen Prozessen ist jeweils eine erste – für die Interpretation der Daten entscheidende – Frage die nach der *Repräsentativität* der erfassten Personen. Um allgemeine Aussagen machen zu können, muss die Gruppe der in die Studie einbezogenen Personen zahlenmäßig groß sein und möglichst weitgehend der Gesamtgesellschaft entsprechen, z. B. hinsichtlich Geschlecht, Altersverteilung, Zivilstand, sozialer Schicht und anderer relevanten Kriterien. Insofern ist es meist schwierig, repräsentative Stichproben zu erhalten. Im Rahmen der Einsamkeitsforschung liegen uns jedoch einige solche Studien vor.[21]

Eine weitere wichtige methodische Frage ist die, *in welcher Weise die Daten erhoben worden sind.* Haben persönliche Interviews stattgefunden? Wenn ja, sind allen Personen die gleichen Fragen gestellt und diese in gleicher Weise codiert worden? Oder haben Interviews in freier Form stattgefunden? Wie sind sie aufgezeichnet worden, per schriftlichem Protokoll, per Video- oder per Tonaufnahme? In größeren Studien, auch zum Thema Einsamkeit, sind meist solche *Interviews* geführt worden.

Eine andere Erhebungsmethode sind *Online-Befragungen*, an denen sich Interessierte anonym beteiligen können. Dabei müssen sich die Untersucher:innen auf die personenbezogenen Angaben, z. B. hinsichtlich Geschlecht und Alter, verlassen, welche die Teilnehmenden mitteilen. Im Bereich der Einsamkeitsforschung liegen einige Studien vor, die per Online-Befragung erfolgt sind.

Häufig werden bei den Untersuchungen zu Einsamkeitsgefühlen einzelne, für das Thema Einsamkeit relevante Fragen verwendet. So wurden beispielsweise die Personen der AXA-Studie[22] gefragt: „Wie bewerten Sie auf der Skala von 0 bis 10 das Ausmaß Ihres Stresses in den vergangenen zwölf Monaten?“ Im IW-Report[23] lauteten die drei Fragen zur Erfassung von Einsamkeitsgefühlen:

„Wie oft haben Sie das Gefühl …

- dass Ihnen die Gesellschaft anderer fehlt?
- außen vor zu sein?
- dass Sie sozial isoliert sind?“

Die 5-stufige Antwortskala umfasste jeweils die Antwortmöglichkeit „sehr oft“[1], „oft“[2], „manchmal“[3], „selten“[4] und „nie“[5].

Schließlich sind in den Sozialwissenschaften zur Untersuchung von Einsamkeitsgefühlen auch spezielle *Fragebögen* eingesetzt worden. Der bekannteste ist die UCLA-Einsamkeitsskala (UCLA Loneliness Scale)[24]. Bewährt hat sich für Studien zu Einsamkeitsgefühlen auch der „Fragebogen zur Sozialen Unterstützung“[25].

1. Globale Ursachen

Wie in der Einleitung ausgeführt, sind Einsamkeitsgefühle das subjektive Erleben eines Menschen in Gestalt einer von ihm wahrgenommenen Diskrepanz zwischen den gewünschten und den tatsächlichen sozialen Beziehungen. Diese Beschreibung könnte dazu verleiten, Einsamkeit als rein individuelles Geschehen zu verstehen, das allenfalls durch gesellschaftliche Ursachen (siehe Kapitel 2) verstärkt wird, letztlich aber vor allem durch die individuelle Lebenssituation einer Person bedingt ist (siehe Kapitel 3). Eine solche, die Einflüsse der weiteren Umgebung ausklammernde Sicht erscheint mir indes zu eng. Immer hat die soziale Situation einen erheblichen Einfluss auf die in einer bestimmten Umwelt lebenden Individuen. Und dieser Einfluss wirkt sich auch, wie im Folgenden zu zeigen sein wird, auf die Entstehung von Einsamkeitsgefühlen aus.

Im Folgenden werde ich von den globalen Faktoren, hier am Beispiel der Covid-19-Pandemie und am Klimawandel dargestellt, ausgehen, dann in Kapitel 2 die gesellschaftlichen Bedingungen diskutieren und in Kapitel 3 die individuellen Ursachen von Einsamkeitsgefühlen darstellen.

Mit der Bezeichnung „globale" Ursachen sind diejenigen Faktoren gemeint, die nicht wie die politischen Systeme oder die wirtschaftlichen Prozesse (siehe Kapitel 2) lokal begrenzt sind, sondern mehr oder weniger die ganze Welt betreffen. Die Wirksamkeit dieser globalen Ursachen soll an den Beispielen der Corona-Pandemie und des Klimawandels dargestellt werden.

Die Covid-19-Pandemie

Es gibt wohl kein anderes Thema, das in den vergangenen Jahren so stark im Mittelpunkt des öffentlichen Interesses gestanden hat, wie das Thema „Covid-19-Pandemie". Die Gründe dafür sind vielfältiger Art: Die im Frühjahr 2020 beginnende Pandemie hat alle Länder der Welt und damit letztlich alle Menschen in irgendeiner Weise betroffen. Im Hinblick auf die Entstehung und Bekämpfung des Corona-Virus sind die verschiedensten, einander zum Teil widersprechenden offiziellen Mitteilungen und Empfehlungen abgegeben worden, was in der Bevölkerung zu Misstrauen gegenüber den offiziellen Informationen, zu großer Unsicherheit und zu vielfältigen Ängsten geführt hat.

Unter dem Einfluss der Covid-19-Pandemie hat sich weltweit die Zahl der Menschen, die unter psychischen Problemen und Einsamkeitsgefühlen leiden, stark erhöht.[26] Dabei hat sich im Laufe der Zeit insbesondere die Situation der Frauen durch die Mehrfachbelastungen (Arbeit, Haushalt, Kinderbetreuung) verschärft.

Eine Folge der durch die Pandemie ausgelösten Verunsicherung war, dass die Verschwörungstheorien enormen Auftrieb erhalten haben. Je widersprüchlicher die Versuche waren, die Entstehung der Pandemie zu erklären, desto wilder wucherten die verschwörungstheoretischen Annahmen. Und je weniger eindeutig die Mitteilungen bezüglich der Wirkung der Impfungen, der verschiedenen Impfstoffe und des durch die Impfung erzielten Schutzes waren, desto größer wurde die Unsicherheit in der Bevölkerung, was nochmals verstärkt die Verschwörungstheoretiker mit ihren je eigenen, zum Teil absurden Erklärungen auf den Plan rief. Die unklare Informationsstrategie hatte in der Bevölkerung große Verunsicherung ausgelöst und das Gefühl der Ohnmacht und des Auf-sich-selbst-zurückgeworfen-Seins entstehen lassen. Die Folge waren für viele Menschen quälende Einsamkeitsgefühle.

Irritierend wirkte sich schließlich auch die Tatsache aus, dass die verschiedenen Staaten zum Teil weit voneinander abweichende Schutzkonzepte entwickelten und alle behaupteten, ihr Konzept sei das wirkungsvollste. Zurückgeblieben ist bis heute in weiten Kreisen der Bevölkerung ein Misstrauen gegenüber staatlichen Stellungnahmen und Empfehlungen. Auch dies hat einen nachhaltigen Einfluss auf die Entstehung von Einsamkeitsgefühlen gehabt.

Eine der einschneidendsten Maßnahmen, die eine enorme Wirkung auf die Entstehung von Einsamkeitsgefühlen hatte, war das in der akuten Covid-19-Phase angeordnete „physical distancing", auch „social distancing" genannt, das Abstandhalten im sozialen Raum.

In der öffentlichen Diskussion wurde zumeist der Begriff „social distancing" verwendet, obwohl die WHO bereits im März 2020 darauf hingewiesen hat, der Begriff „physical distancing" treffe den

Sachverhalt viel besser, da es darum gehe, körperlich Abstand zu halten, aber sozial verbunden zu bleiben.[27] Das Ziel des Abstandhaltens war, die Kontaktmöglichkeiten einer mit Covid-19 infizierten Person zu verringern, um eine Ansteckung anderer Menschen zu verhindern und auf diese Weise Morbidität und letztlich Mortalität zu verringern. „Physical distancing" wurde im Alltag durch das Vermeiden von Berührungen und körperlichen Kontakten (mindestens 1,5 m Abstand halten, kein Handschlag, keine Umarmungen oder Küsse) praktiziert, außerdem sollte in geschlossenen Räumen möglichst wenig gesprochen und größere Menschenansammlungen sollten gemieden werden. Manche Betriebe wurden zumindest zeitweise ganz geschlossen, andere konnten ihre Tätigkeit, wenn auch zumeist nur in reduzierter Form, aufrechterhalten, indem die Berufstätigen ihre Arbeit im Homeoffice erledigten. In Fällen akuter Infektion kam es für die davon betroffenen Personen zur Quarantäne, der wirksamsten Art von räumlicher Distanzierung.

Weitere Maßnahmen der räumlichen Distanzierung waren verbunden mit der Schließung von Restaurants, Kinos, Theatern, Diskotheken und vielen anderen Orten, an denen soziale Kontakte stattfinden. Die Folge waren Einsamkeitsgefühle, wie sie selten zuvor in einer solchen Fülle aufgetreten und zum Thema gemacht worden sind. Es war denn auch in der Zeit der Covid-19-Pandemie, in der das Thema „Einsamkeit" plötzlich in aller Munde war und zunehmend in den Medien diskutiert wurde. Viele Schätzungen der Häufigkeit von Einsamkeitsgefühlen in der Gesamtbevölkerung, insbesondere die, die von ca. 30 % sprechen, stammen aus dieser Zeit.

Über die Auswirkungen der Covid-19-Pandemie auf das Erleben von Einsamkeitsgefühlen liegen mittlerweile die Befunde verschiedener Untersuchungen vor. Sie zeigen, dass es bei Menschen, die schon vor der Pandemie wenig soziale Kontakte hatten und zu vulnerablen Bevölkerungsgruppen gehören, während der Pandemie zu besonders ausgeprägten Einsamkeitsgefühlen kam. Beispielhaft seien im Folgenden einige dieser Studien zitiert.

So berichtet die Psychologin Susanne Bücker in einer Stellungnahme für den Deutschen Bundestag[28] von den folgenden Resultaten ihrer an mehr als 4500 Personen durchgeführten Online-Tagebuch-Studie: In Übereinstimmung mit den Daten anderer internationaler Untersuchungen ließ sich während der Pandemie mehrheitlich ein Anstieg von Einsamkeitsgefühlen im Vergleich zu der Zeit vorher beobachten. Bückers Daten zufolge „sind besonders Menschen von Vereinsamung bedroht, die schon vor der Pandemie wenig zufriedenstellende soziale Beziehungen geführt haben. Darüber hinaus muss kritisch beobachtet werden, wie sich die Situation für Menschen entwickelt, die klassischerweise zur Risikogruppe für Vereinsamung gehören. Das sind u.a. Menschen mit niedrigem Einkommen, arbeitslose Menschen, Menschen mit Migrationshintergrund, alleinerziehende Eltern, alleinlebende Menschen und Menschen mit psychischen oder körperlichen gesundheitlichen Beeinträchtigungen. Zu dieser Gruppe zählen zudem Kinder von Eltern, auf die die genannten Risikofaktoren zutreffen."[29]

Eine andere Studie zur „Einsamkeit in der Hochaltrigkeit"[30] zeigt, dass der Anteil einsamer sehr alter Menschen mit 12,1 % doppelt so hoch war wie im Zeitraum vor der Pandemie. Besonders weitverbreitet war Einsamkeit dabei bei sehr alten Menschen, die in der Pandemie über starke Veränderungen im Bereich privater Kontakte berichteten.

Außerdem kam es während der Covid-19-Pandemie zu rigorosen Kontaktsperren zwischen Senior:innen und Menschen mit Behinderung, die in Alten- und Pflegeheimen lebten, auf der einen Seite und Personen, die diese besuchen wollten, auf der anderen. Immer wieder fanden sich während des Lockdowns in den Medien erschütternde Berichte über Menschen, die auf Intensivstationen sowie in Alters- und Pflegeheimen einsam starben, weil ihre Angehörigen sie nicht besuchen durften. Dies ist für beide Teile wohl eine der schlimmsten Erfahrungen von Einsamkeit.

Im Juni 2020 veröffentlichte die „Bundesarbeitsgemeinschaft der Seniorengenerationen (BAGSO)" eine Stellungnahme zu den Verordnungen der Deutschen Bundesländer, die die Möglichkeiten der Kontakte von Heimbewohner:innen mit Angehörigen und anderen Besucher:innen regelten. Die BAGSO kritisierte vor allem, dass einige Bundesländer die Entscheidung darüber, ob Heimbewohner:innen Besuch empfangen dürfen, ganz den Einrichtungen überlassen wollten.[31] Die BAGSO forderte, dass die Bewohner:innen „wieder täglich von ihren Angehörigen bzw. anderen nahestehenden Personen besucht werden können", und kritisierte, dass es sich bei diesen Besuchsbeschränkungen „um die mit Abstand schwersten Grundrechtseingriffe in der gesamten Corona-Zeit handelt"[32]. Zudem wies die BAGSO darauf hin, dass die Resultate einer

Umfrage unter mehr als 1000 Angehörigen auch dramatische Gesundheitsfolgen, insbesondere einen Rückgang kognitiver Funktionen, erkennen ließen. Eine weitere einschneidende, während der strikten Lockdowns in der ersten Zeit der Covid-19-Pandemie angeordnete und die sozialen Beziehungen stark einschränkende Maßnahme war, dass nur Mitglieder desselben Haushalts miteinander Kontakt haben durften und es zeitweise nur erlaubt war, sich mit *einer* weiteren Person eines anderen Haushalts zu treffen. Durch diese Kontaktbeschränkungen wurde das Sozialleben drastisch reduziert, was vor allem Singles besonders hart traf und bei vielen Menschen zu Einsamkeitsgefühlen führte. Auch an diesem Beispiel wird die enge Verflechtung globaler Prozesse und des individuellen Erlebens von Einsamkeit deutlich.

Der Klimawandel

Ist der Zusammenhang der Covid-19-Pandemie mit der Entstehung von Einsamkeitsgefühlen noch ohne Weiteres nachvollziehbar, so erscheint die Beziehung zwischen Einsamkeit und dem Klimawandel weniger offensichtlich. Dennoch spielt dieses Thema als globale Ursache eine meines Erachtens nicht zu unterschätzende Rolle bei der Entstehung von Einsamkeitsgefühlen.

Ähnlich wie bei der Covid-19-Pandemie zeichnet sich das Thema Klimawandel dadurch aus, dass dazu völlig widersprüchliche Annahmen bestehen und in den Medien verbreitet werden. Diese reichen von der totalen Leugnung jeglicher Klimaveränderungen bis zu Horrorszenarien, die den Eindruck erwecken, das Ende der Welt stehe unmittelbar bevor. Auch in dieser Situation großer Verunsicherung sind die Verschwörungstheorien wieder hoch im Kurs. Ihre weite Verbreitung ist vor allem der Unsicherheit angesichts von massiven Klimaveränderungen geschuldet, da sie mit ihren Modellen scheinbar alles erklären können und dadurch der Verunsicherung und dem Erleben von Ohnmacht und Einsamkeit entgegenwirken.

Insofern bieten die Verschwörungstheorien vielen Menschen einen gewissen Schutz vor der Angst, was die Zukunft bringen wird. Dadurch, dass diese Theorien von einer Gruppe von Menschen geteilt werden, vermitteln sie denjenigen, die diesen Gruppen angehören, den Eindruck, nicht allein zu sein, und wirken so dem

Einsamkeitserleben entgegen. Hinzu kommt, dass die Verschwörungstheorien ihren Anhänger:innen das Gefühl von Bedeutung vermitteln, wähnen sie sich doch im Besitz von Wissen, das der breiten Masse vorenthalten ist. Dieser narzisstische Gewinn wirkt ebenfalls der Verunsicherung und dem Erleben von Einsamkeit und Ohnmacht entgegen. Der Wunsch, den komplexen Problemen unserer Zeit durch eine einfache Weltsicht mit scheinbar eindeutigen Lösungen zu begegnen – und damit die durch die Komplexität bedingte Unsicherheit letztlich zu leugnen – drückt sich auch in dem gestiegenen Einfluss rechtsradikaler Parteien und dem vermehrten Zuspruch für Rechtspopulisten aus.

Wie die im Auftrag des Bundesumweltamtes durchgeführte Studie „Junge Menschen in der Klimakrise“[33] zeigt, kann der Klimawandel selbst bei jungen Aktivist:innen, die sich doch in starkem Maße für den Klimaschutz engagieren, zu Gefühlen der Ohnmacht und Hilflosigkeit führen. In den mit den Jugendlichen durchgeführten Interviews zeigen sich immer wieder auch Gefühle von Angst, Trauer, Wut und Ungerechtigkeitsempfinden. Zudem weisen die Befunde darauf hin, dass es bei ihnen durch den hohen Einsatz von Aktivität und das Ausbleiben der gewünschten Handlungen vonseiten der Politik und der Gesellschaft auch zu zusätzlichen Belastungen in Form eines „Activism-Burnouts“ kommen kann. Diese negativen Gefühle und der Activism-Burnout verstärken die Entwicklung von Einsamkeitsgefühlen.

Während die Klimaaktivist:innen durch ihr Engagement im Klimaschutz aktiv sind und dadurch den lähmenden Gefühlen der Ohnmacht und Hilflosigkeit angesichts der erschreckenden Folgen des Klimawandels etwas entgegensetzen, sind ältere Menschen, die sich nicht aktiv für den Klimaschutz einsetzen, in einer deutlich schwierigeren Situation. Bisher liegen zu dieser Personengruppe zwar keine empirischen Studien vor. Es ist jedoch naheliegend anzunehmen, dass bei ihnen vor allem die Gefühle von Angst und Ohnmacht dominieren. Die Folge kann ein Rückzug sein, der die Gefahr, Einsamkeitsgefühle zu entwickeln, mit sich bringt.

Wie ich in den folgenden Kapiteln dieses Buches zeigen werde, sind Einsamkeitsgefühle insbesondere die Folge solcher Situationen, die den damit konfrontierten Menschen unüberschaubar und nicht kontrollierbar erscheinen und in ihnen das Gefühl der Ohnmacht entstehen lassen.

2. Gesellschaftliche Ursachen

Neben den globalen Ursachen kommt bei der Diskussion des Phänomens Einsamkeit auch den gesellschaftlichen Bedingungen, unter denen Menschen leben, eine große Bedeutung zu, prägen die gesellschaftlichen Strukturen und die Verteilung materieller Ressourcen doch wesentlich auch das Einsamkeitserleben.[34] Immer entfaltet sich das Leben des einzelnen Menschen vor dem jeweiligen gesellschaftlichen Hintergrund und wird durch diesen sozialen Kontext geprägt.

Dass dies auch für das Thema Einsamkeit gilt, zeigt sich an der Art und Weise, in der die Medien davon berichten. Einige zufällig herausgegriffene Schlagzeilen mögen dies veranschaulichen: „Millionen Deutsche betroffen: Das wachsende Leiden Einsamkeit"[35], „Menschen, die unter Einsamkeit leiden, gefährden ihre psychische und körperliche Gesundheit"[36], „Volkskrankheit ‚Einsamkeit'"[37] und die schon zitierten Formulierungen „Einsamkeit, der unerkannte Killer"[38] und „Das Monster der Moderne: Einsamkeit"[39]. Dies hat zur Folge, dass von politischer Seite dringend Handlungsbedarf angemeldet wird.[40] Am weitesten ist dabei Großbritannien gegangen, als die britische Regierung Einsamkeit als eine der größten gesundheitlichen Herausforderungen für die Gesellschaft unserer Zeit bezeichnete und im Jahr 2018 ein Ministerium für Sport, Zivilgesellschaft und Einsamkeit gegründet hat.[41]

So kommt auch Caroline Bohn aufgrund ihrer soziologischen Analyse des Phänomens Einsamkeit zu dem Schluss, dass auf der Makroebene gesellschaftliche Strukturbedingungen und die Verteilung materieller Ressourcen das Einsamkeitserleben prägen: „Einsamkeit muss stets in einem wechselseitigen und umfassenden Kontext von Individuum und Gesellschaft betrachtet werden – ihre soziale Dimension bliebe sonst weiterhin außen vor."[42]

Als gesellschaftliche Ursachen der Einsamkeit möchte ich die folgenden fünf Aspekte diskutieren: die Anonymität der heutigen Gesellschaft mit der sie kennzeichnenden Beziehungslosigkeit; die Komplexität der heutigen Welt und die daraus resultierende Verunsicherung; die immer größer werdende Diskrepanz zwischen „Arm" und „Reich"; die geringe Solidarität in unserer Gesellschaft; die Rolle, welche die Medien spielen.

Die Anonymität der heutigen Gesellschaft mit der sie kennzeichnenden Beziehungslosigkeit

Es ist schon fast zu einem Schlagwort geworden, von der Anonymität der heutigen Gesellschaft zu sprechen. Tatsächlich ist die Anonymität eines der zentralen Merkmale unserer Gesellschaft, von der auch das Leben des einzelnen Menschen stark geprägt wird. Dies gilt insbesondere für die Großstädte, in denen sich häufig nicht einmal die Bewohner des gleichen Hauses persönlich kennen. Zum Teil empfinden Menschen die Anonymität als Befreiung aus der Enge der sozialen Kontrolle, wie sie sie an Orten erleben, an denen jeder jeden kennt. Zum Teil löst die Anonymität aber auch Ängste vor dem Sich-Verlieren im Allgemeinen, Nicht-Definierten aus.

Die Aussage, dass sich unsere Gesellschaft durch einen hohen Grad an Anonymität auszeichnet, scheint im Widerspruch zu der Tatsache zu stehen, dass heute durch elektronische Überwachung die Anonymität im öffentlichen Raum erheblich eingeschränkt wird. Dennoch stellt die Möglichkeit, eine Person, die sich zu einer bestimmten Zeit an einer bestimmten Stelle im öffentlichen Raum aufgehalten hat, per elektronischer Überwachung zu identifizieren, ja keine persönliche Beziehung dar. Die Kamera übt lediglich eine Kontrollfunktion aus, die beispielsweise bei der Aufklärung von Verbrechen hilfreich sein kann, in totalitären politischen Systemen aber auch zur Überwachung der Bevölkerung eingesetzt wird.

Hinsichtlich der Frage, welche gesellschaftlichen Entwicklungen die Entstehung von Einsamkeitsgefühlen fördern, nennt Caroline Bohn folgende Faktoren:

- „Die Möglichkeiten sozialer Interaktion und Befriedigung sozial-emotionaler Bedürfnisse haben sich in der Kleinfamilie verringert.
- Die noch immer vorherrschende Arbeitsteilung verhindert zwischenmenschliche Begegnungen und führt zu einer Isolierung am Arbeitsplatz.
- Die Übervölkerung in den Großstädten verhindert soziale Annäherung und fördert Anonymität.

- Soziale und berufliche Mobilität führen zu Entwurzelung und Entfremdung und möglicherweise auch zum Verlust sozialer und kultureller Identität.
- Die Massenkommunikation bewirkt eine Informations- und Reizüberflutung, auf die mit Abstumpfung, Gleichgültigkeit und Desinteresse am Mitmenschen reagiert wird.
- Egozentrisches Handeln erwächst aus Konkurrenzdenken."[43]

Als weiteren gesellschaftlichen und strukturellen Faktor nennt Bohn die hohe Arbeitslosigkeit, die dazu führt, dass selbst gut ausgebildete, flexible und hoch motivierte Menschen oft kaum noch einen Platz auf dem Arbeitsmarkt finden und damit der gesellschaftlichen Erwartung eines auf Erwerbsleben ausgerichteten Lebens nicht entsprechen können. Dies ist vor allem für Jugendliche, denen der Eintritt in den Arbeitsmarkt aufgrund struktureller Bedingungen verwehrt bleibt, eine besondere Belastung. Bohn weist darauf hin, dass diese Situation sich auf das emotionale Erleben insofern auswirkt, „als der Betroffene durch die Verinnerlichung dieses Wertesystems das Gefühl hat, versagt zu haben und Gefühle der Unzulänglichkeit und Scham empfindet. Die Folgen sind sozialer Rückzug vom öffentlichen Leben und selbst gewählte Isolation."[44]

Wie Bohns Übersicht zeigt, üben die gesellschaftlichen Faktoren einen erheblichen Einfluss auf die Entstehung von Einsamkeitsgefühlen aus. Dies beschreibt auch die Ökonomin Noreena Hertz, wenn sie von der Einsamkeit als einem „existenziellen Zustand" spricht, von dem „Gefühl, nicht nur von unseren Freunden und unserer Familie isoliert zu sein, sondern auch von unserer Regierung, von unserem Arbeitgeber. Das Gefühl, unsichtbar zu sein."[45] So finden wir letztlich bei allen in den Kapiteln 3 und 4 diskutierten Themen eine enge Verflechtung zwischen den gesellschaftlichen Bedingungen und dem individuellen Erleben von Einsamkeitsgefühlen.

Welche Gefahren in der heute in unserer Gesellschaft bestehenden Anonymität liegen, wird am offensichtlichsten dort, wo Anonymität die Aufdeckung eines Verbrechens erschwert oder gänzlich verhindert. Dies gilt beispielsweise für Datenpiraterie im Zusammenhang mit Urheberrechtsverletzungen und explizit bei der Verbreitung von Missbrauchsabbildungen von Kindern und anderen sexuell-gewalttätigen Inhalten in Chaträumen[46] und im sogenannten Darknet.

Anknüpfend an den französischen Historiker Hippolyte Taine (1828–1893) vergleicht der Soziologe Felix Keller unsere moderne Gesellschaft im Hinblick auf die Frage der Anonymität mit einem Hôtel Garni: „In diesem hôtel garni begegnen leidenschaftslose Angestellte anonymen Gästen, nur auf ihr eigenes Wohl bedacht, teilnahmslos gegenüber den unbekannten Anderen, ein letztlich banales gesellschaftliches Verhältnis zum Ausdruck bringend, das gekennzeichnet ist durch Indifferenz: ein Zirkulationsraum für Individuen ohne jegliche Bindung zum Ort und Raum, ohne Interesse und Affekte, isolierte, lediglich über Nummern gekennzeichnete Gäste. Anonymität ist in diesem Zusammenhang, wenn auch kritisch betrachtet, eine gesellschaftserzeugende, durchaus rationale Formel."[47]

Eine solchermaßen anonyme Gesellschaft stellt einen geradezu idealen Nährboden für die Entstehung von Einsamkeitsgefühlen dar, geht es den darin lebenden Menschen, wie Keller es formuliert, doch nur um ihr eigenes Wohl. Kennzeichnend sind die Teilnahmslosigkeit und die Indifferenz im Umgang miteinander sowie das Fehlen jeglicher affektiver Beteiligung und jeglichen Interesses aneinander. Gewiss bildet ein solches düsteres Bild unsere Gesellschaft nicht in allen ihren Aspekten ab. So weist auch Keller in seiner Analyse der Anonymität am Beispiel der in den letzten Jahren sprunghaften Zunahme anonymer Bestattungen darauf hin, dass „dem soziologischen Phänomen der Individualisierung, dem Kult des Individuums schlechthin, mit dem eigenen Tod eine Art Antithese gegenübergesetzt würde. Oder anders ausgedrückt: In der anonymen Bestattung, so eine mögliche Interpretation, wird der Tod als das Universelle der menschlichen Existenz selbst zelebriert."[48]

Doch erklärt das Bild des Hôtel Garni als Ausdruck unserer von Anonymität geprägten Gesellschaft zumindest ein Stück weit – wie in diesem Buch im Folgenden zu zeigen sein wird –, warum von Einsamkeit die verschiedensten Gruppen von Menschen betroffen sind. Dabei trifft es die Vulnerabelsten – wie immer – am heftigsten.

Die Komplexität der heutigen Welt und die daraus entstehende Verunsicherung

Eine andere gesellschaftliche Ursache für die Entstehung von Einsamkeitsgefühlen liegt in der Komplexität, die unsere heutige Welt auszeichnet. Niemand ist in der Lage, auch nur annähernd die Fülle von wissenschaftlichen, technischen, wirtschaftlichen, sozialen und politischen Inhalten zu überschauen. Hinzu kommt das in den letzten Jahren immer stärker hervortretende Thema der Fake News, jener Informationen, die uns tagtäglich als „verbriefte Wahrheiten" mitgeteilt werden und sich über kurz oder lang als Lügen erweisen. Die Reaktion vieler Menschen darauf ist die bange Frage: „Wem kann ich unter diesen Umständen noch vertrauen?" – und der durch diese Verunsicherung ausgelöste Rückzug auf sich selbst. Dies kann auf der einen Seite ein Schutz vor permanenter Überforderung durch solche Verunsicherungen sein. Auf der anderen Seite ist der Preis dafür aber häufig auch die Entstehung von Einsamkeitsgefühlen.

Dadurch, dass Individuen heute stärker auf sich allein gestellt sind als zu früheren Zeiten, in denen allgemein verbindliche Normen das Zusammenleben regelten, ist der Einzelne heute in einem hohen Ausmaß gefordert, sein Leben selbstständig zu organisieren. Es ist dadurch, wie Kaufmann ausführt, zu einer „Zentrierung auf das Individuum" gekommen, „das dazu aufgerufen ist, sich selbst zu definieren und immer und überall Entscheidungen zu treffen. Es muss sich für eine Wahrheit entscheiden, während zugleich das Angebot möglicher Antworten, popularisiert durch die Medien, immer umfangreicher und widersprüchlicher wird. Dies schließt einfache Gesten des Alltagslebens mit ein, die früher durch Tradition weitergegeben wurden. Es muss sich für eine Moral entscheiden, und dies in einem äußerst breit angelegten Werteuniversum, das nur noch wenig Verbote enthält."[49] Es ist eine das Individuum überfordernde Situation, in der in praktisch allen Lebensbereichen Entscheidungen zu treffen sind, die angesichts ihrer Komplexität nicht dem Prinzip Entweder-Oder folgen. Wie ich im Zusammenhang mit dem Klimawandel erwähnt habe, versprechen einfache Weltbilder mit scheinbar eindeutigen Lösungen einen Ausweg aus dieser das Individuum belastenden Situation. Diese Art der „Lösung" bieten rechtsradikale Parteien und populistische Politiker:innen, deren Erstarken wir in der Gegenwart erleben.

Damit bilden die Komplexität und die daraus resultierende Verunsicherung, mit denen wir heute in unserer Gesellschaft konfrontiert sind, weitere Ursachen für die Entstehung von Einsamkeitsgefühlen.

Die immer größer werdende Diskrepanz zwischen „Arm" und „Reich"

Es ist ein weltweit zu beobachtendes Phänomen, dass die reichsten Menschen immer reicher und die Ärmsten immer ärmer werden. So befinden sich knapp 50 % des weltweiten Vermögens in den Händen von nur 1,2 % der Weltbevölkerung![50] Wie ich in den Kapiteln 1 bis 4 dieses Buches zeigen werde, führen insbesondere die Ungleichbehandlung und der Ausschluss von Menschen an gleichberechtigter ökonomischer und sozialer Teilhabe zu Gefühlen der Einsamkeit. Wir haben es also nur zu einem gewissen Teil mit Ursachen zu tun, die sich aus der individuellen Biografie herleiten lassen.

Gerade wenn es um die ökonomische Situation geht, in der Menschen in unserer Gesellschaft leben und unter der sie leiden, ist die Berücksichtigung der gesellschaftlichen Strukturen und der wirtschaftlichen Dynamik unbedingt notwendig. Um zu veranschaulichen, inwieweit Einsamkeitsgefühle durch die Frage von Reichtum und Armut bedingt werden, sei stichwortartig auf einige solche Zusammenhänge zwischen der gesellschaftlichen Situation und den individuellen Biografien von Menschen hingewiesen.

So besteht ein eindeutiger Zusammenhang zwischen Wohnungslosigkeit, dem Immobilienmarkt und den hohen Renditen aus renovierten Wohnungen, die nachher zu wesentlich höheren Preisen wieder vermietet werden. In diesem Kontext ist das Leben des Individuums untrennbar mit der gesamtgesellschaftlichen wirtschaftlichen Situation verknüpft.

Diesen Aspekt betont auch die „Enquetekommission IV – Einsamkeit – Bekämpfung sozialer Isolation in Nordrhein-Westfalen und der daraus resultierenden physischen und psychischen Folgen auf die Gesundheit"[51] in ihrer „Schriftlichen Anhörung ‚Armut und Einsamkeit'". Die Kommission weist u. a. auf eine wachsende

Altersarmut und in Verbindung damit auf starke Einsamkeitsgefühle dieser Bevölkerungsgruppe hin. So sind 29 % der von Armut betroffenen Personen im Rentenalter. Im Hinblick auf die gesellschaftlichen Determinanten der Altersarmut benennt die Kommission die folgenden Gründe: die Rentenreformen der vergangenen Jahrzehnte, die fast durchweg auf eine Kürzung des Sicherungsniveaus der gesetzlichen Rente abzielten, die wachsende Zahl unsteter Erwerbsbiografien, das Anwachsen des Niedriglohnsektors sowie der starke Anstieg der Mieten und der steigende Eigenanteil der Pflegekosten. Frauen hätten zudem durch die derzeitige Ausgestaltung des Rentensystems eine Benachteiligung erfahren. Dieses Beispiel zeigt eindrücklich die enge Verschränkung der gesellschaftlichen Bedingungen und der individuellen Reaktionen darauf, z. B. in Form von Armut und Einsamkeit.

In ähnlicher Weise sind der Verlust der Arbeitsstelle und die daraus resultierende Erwerbslosigkeit einer Person nicht unabhängig von der Situation auf dem Gesamtarbeitsmarkt. Und ganz eklatant ist der Zusammenhang zwischen dem individuellen Schicksal von Migrant:innen und der in den Heimatländern der Flüchtlinge herrschenden politischen und wirtschaftlichen Situation, an der unsere Länder mitbeteiligt sind und welche die Ursache der Migration ist.

Die geringe Solidarität in unserer Gesellschaft

Im oben zitierten Bild des Hôtel Garni, in dem jede Person nur auf das eigene Wohl bedacht ist, hat der Soziologe Felix Keller die unsere Gesellschaft kennzeichnende Situation geringer bis total fehlender Solidarität beschrieben. Dies ist eine weitere gesellschaftliche Ursache für die Entstehung von Einsamkeitsgefühlen. Kennzeichnend dafür sind das Desinteresse am Wohlergehen anderer, die fehlende Rücksichtnahme aufeinander und das alles überdeckende Streben nach persönlichem Erfolg.

Wenn Einsamkeitsgefühle als Ausdruck schmerzlich vermisster sozialer Beziehungen definiert sind, so stellt das Leben in einer Gesellschaft mit geringer Solidarität eine einsame Situation par excellence dar. So zeigen beispielsweise die Resultate der Bystander-Forschung ein erschreckendes Bild von der Gleichgültigkeit, mit der Menschen in unserer Gesellschaft nebeneinanderher leben. Es geht hier um das auch als „Zuschauereffekt“ bezeichnete Phänomen, dass sich bei einem Unfall oder einer Gewalttat die Wahrscheinlichkeit, dass Anwesende eingreifen, verringert, je mehr Zuschauer dabei sind.[52] Die Gründe für das Nicht-Eingreifen sind unterschiedlich: sich nicht exponieren wollen; Angst haben, selbst Opfer im Rahmen der tätlichen Auseinandersetzung, die beobachtet wird, zu werden; darauf warten, dass eine andere Person eingreift; sowie der Wunsch, keine persönliche Verantwortung übernehmen zu wollen (im Sinne der Verantwortungsdiffusion).[53]

Im Zusammenhang mit der geringen Solidarität und der unsere Gesellschaft kennzeichnenden Gleichgültigkeit ist auch das Phänomen der „Schweigespirale“[54] zu erwähnen. Elisabeth Noelle-Neumann zeigte bereits 1980 anhand dieses Modells, dass viele Menschen in unserer Gesellschaft sich bezüglich der Meinung, die sie äußern, nach der Meinung der Mehrheit richten. Dies kann dazu führen, dass die Meinung einer Minderheit (beispielsweise einer politisch extremen Gruppe) in der Öffentlichkeit, vor allem in den Massenmedien, als die Meinung der Mehrheit dargestellt wird, woraufhin die eigentliche Mehrheit ihre Meinung nicht öffentlich vertritt, sondern schweigt, weil sie sich der vermeintlichen Mehrheitsmeinung anpassen will. Das Unheilvolle dieser Dynamik liegt darin, dass mit der Zeit Äußerungen und Ansichten in der Öffentlichkeit „salonfähig“ werden (z. B. Leugnung des Holocaust oder die Rede vom „Asylmissbrauch von Wirtschaftsflüchtlingen“), die von den Angehörigen der Majorität eigentlich nicht geteilt werden, die sie aber, um nicht „abseits“ zu stehen, schweigend akzeptieren, wodurch die Vertreter:innen der Extremmeinungen immer mutiger werden, ihre Ansichten zu vertreten.

Was die Bystander-Dynamik und die Schweigespirale betrifft, haben wir es hier bezüglich der Einsamkeitsgefühle mit zwei Aspekten zu tun: Zum einen geht es bei der Ausrichtung des eigenen Verhaltens am Beispiel der Majorität darum, dass die mit einer Not- oder Gewaltsituation bzw. mit einer Extremmeinung konfrontierte Person nicht allein sein und sich nicht einsam fühlen möchte, weshalb sie sich anpasst und schweigt. Zum anderen befinden sich aber auch die Opfer der Gewaltsituation und die unter Extremmeinungen Leidenden mit dem schmerzlichen Gefühl der Einsamkeit konfrontiert, da sie von ihren Mitmenschen keinerlei Solidarität erleben.

Die Rolle der Massenmedien

Wie die Analyse der Schweigespirale gezeigt hat, spielen die Massenmedien bei der Bildung der öffentlichen Meinung eine große Rolle. Dies betrifft auch die Wahrnehmung und Beurteilung von Einsamkeitsgefühlen. Ich habe am Beginn dieses Kapitels bereits einige entsprechende Formulierungen zitiert, in denen die Einsamkeit als „Volkskrankheit" mit bereits „Millionen Opfern" bezeichnet wird und in denen vom „Killer" und „Monster Einsamkeit" die Rede ist.

Aus solchen Formulierungen geht zweierlei hervor: Zum einen ist Einsamkeit ein sowohl für das davon betroffene Individuum als auch für die Gesellschaft krankhaftes und gefährliches Phänomen, das es durch verschiedene Maßnahmen sozialer, therapeutischer und politischer Art (in Großbritannien sogar durch ein Einsamkeits-Ministerium) zu beseitigen gilt. Zum anderen ist dieses so negativ konnotierte Gefühl aber auch etwas, dessen sich die darunter leidenden Menschen schämen müssen, da es in medialen Berichten vielfach als Folge eines persönlichen Versagens dargestellt wird.

Wenn von sich einsam fühlenden Menschen die Rede ist, schwingt in diesen Schilderungen nicht selten auch eine Kritik an ihren überhöhten Ansprüchen an die Mitmenschen oder an ihrer zu geringen Bereitschaft zur Eigeninitiative mit. Dies mag tatsächlich für die eine oder andere Person zutreffen. In diesem Fall müsste aber geklärt werden, wie es zu überhöhten Ansprüchen und geringer Eigeninitiative gekommen ist. Im Allgemeinen führt ja gerade die Wahrnehmung von diversen Kontaktmöglichkeiten, die aber nicht zu realen sozialen Kontakten führen, dazu, dass Menschen unter Einsamkeitsgefühlen leiden. Wenn aber sich einsam fühlende Menschen aus den Berichten der Massenmedien immer wieder erfahren, dass sie zu hohe Erwartungen an ihre Mitmenschen haben und sich selbst zu wenig engagieren, stürzt sie dies noch tiefer in eine desolate Gefühlslage und führt zu einem noch stärkeren sozialen Rückzug.

Einen wesentlichen Einfluss auf die öffentliche Meinung über Einsamkeitsgefühle haben die Massenmedien auch in Bezug auf die immer wieder beschworenen angeblichen Gräben zwischen Jung und Alt. Ein solches Gegeneinander-Ausspielen der Generationen findet jeweils dann verstärkt statt, wenn es um Diskussionen über die heutige höhere Lebenserwartung der Menschen sowie um politische Entscheide über Rentenversicherungen oder über die Erhöhung des Rentenalters geht.

Tatsächlich war das Verhältnis zwischen den Generationen jedoch nie zuvor so unproblematisch wie heute. In früheren Zeiten, vor Einführung der Rentenversicherungen, bestand durch die finanzielle Abhängigkeit der Älteren von den Jungen eine wesentlich spannungsreichere Situation zwischen den Generationen. Zudem zeigt die recht große Zahl von jungen Erwachsenen, die noch im Elternhaus, oft ironisch als „Hotel Mama“ bezeichnet,[55] leben, dass die Beziehungen zwischen der jüngeren und der älteren Generation absolut nicht einem „Kampf der Generationen“ entspricht, wie ihn der Soziologe Reimer Gronemeyer[56] als Ausdruck unüberwindbarer Gegensätze zwischen den Generationen heraufbeschwört.

Wenn in den Massenmedien gehäuft Berichte über die sich angeblich immer mehr zuspitzenden Generationenkonflikte erscheinen, hat dies unweigerlich einen Einfluss auf die älteren Menschen. Eine der möglichen Reaktionen ist ihr Rückzug aus dem sozialen und politischen Leben, verbunden mit dem Gefühl, in der Gesellschaft unerwünscht, ja geradezu lästig zu sein, was die Entwicklung von Einsamkeitsgefühlen zur Folge hat.

3. Individuelle Ursachen

Alter: Werden wir im Laufe des Lebens immer einsamer?

Es ist eine in unserer Gesellschaft weitverbreitete Annahme, mit steigendem Alter verstärke sich das Gefühl, einsam zu sein. Im Gegensatz zu dieser negativen Zuschreibung zeigen verschiedene, im deutschsprachigen Raum durchgeführte repräsentative Studien[57], dass das Gefühl von Einsamkeit über das Erwachsenenalter hinweg relativ stabil bleibt. Die ermittelten Prozentwerte weisen allerdings große Unterschiede auf und schwanken zwischen 5 % und 43 %. Die meisten Studien sprechen von einem Drittel der Bevölkerung, das angibt, unter Einsamkeitsgefühlen zu leiden. Übereinstimmung besteht insofern, als sich die höchsten Werte für das Erleben von Einsamkeit einerseits bei Jugendlichen und jungen Erwachsenen und andererseits bei Hochbetagten von über 80 Jahren finden.

Aufgrund dieser Befunde muss die in der Überschrift dieses Kapitels gestellte Frage eindeutig mit Nein beantwortet werden. Vielfach besteht die Annahme, gerade die Lebensphase nach der Pensionierung, dem Ausscheiden aus dem Beruf, sei für viele Menschen eine Zeit des Rückzugs und der zunehmenden Vereinsamung. Und was Jugendliche betrifft, können sich viele Menschen nicht vorstellen, dass eine relativ große Zahl von ihnen unter dem Gefühl von Einsamkeit leidet.

Bevor ich mich mit diesen Fragen auseinandersetze, möchte ich noch erklären, warum sich so erstaunlich große Unterschiede zwischen den Prozentwerten finden, die in den verschiedenen Studien genannt werden. Es gibt dafür vor allem zwei Gründe.

Der erste Grund liegt darin, dass in den Untersuchungen *verschiedene Methoden* zur Erfassung der Einsamkeitsgefühle verwendet worden sind. Ich habe in der Einleitung verschiedene Methoden genannt, die in der sozialwissenschaftlichen Forschung eingesetzt werden. Zum einen geht es darum, *auf welche Weise die Daten erhoben worden sind.* Waren es persönlich geführte Interviews, schriftliche Befragungen oder anonyme Erhebungen per Internet? Die Art der Datenermittlung hat auf jeden Fall Einfluss auf die Resultate, wobei es schwierig ist zu sagen, mit welcher Methode wir die „besseren“, d. h. die der Realität mehr entsprechenden Daten bekommen. Auf der einen Seite ist es den Interviewer:innen in persönlich geführten Gesprächen möglich, bei unklaren Angaben nachzufragen. Häufig führt die persönlichere Atmosphäre der Interviewsituation auch dazu, dass die Befragten persönlichere Dinge erwähnen, die sie bei schriftlichen Befragungen oder anonymen Online-Erhebungen nicht nennen würden. Auf der anderen Seite kann sich gerade die persönliche Situation aber auch hemmend auf die Offenheit auswirken, weil es den interviewten Personen peinlich ist, über bestimmte Ereignisse zu sprechen. In diesem Fall bringt eine anonyme Befragung „bessere“ Resultate.

Die Ergebnisse von sozialwissenschaftlichen Studien hängen aber auch davon ab, welche *Instrumente* für die Erhebungen eingesetzt werden. Das sind bei Interviewstudien beispielsweise die Fragen, die den Interviewpartner:innen gestellt werden. In der Einleitung habe ich einige der Fragen genannt, die in Untersuchungen zum Thema „Einsamkeit“ oft gestellt werden. Wie dort dargestellt, wird mitunter aus der Beantwortung der Frage „Wie bewerten Sie auf der Skala von 0 bis 10 das Ausmaß Ihres Stresses in den vergangenen zwölf Monaten?“ bereits der Schluss gezogen, die Person sei einsam. In anderen Studien ist hingegen erst die Rede von Einsamkeit, wenn auch noch Fragen wie „Wie oft haben Sie das Gefühl, … dass Ihnen die Gesellschaft anderer fehlt? … außen vor zu sein? … dass Sie sozial isoliert sind?“ stark bejaht worden sind (Beantwortung anhand einer 5-stufigen Skala). Wieder andere Studien verwenden spezifische umfangreiche Fragebögen zur Erfassung von Einsamkeit.

Ein weiterer Grund für die unterschiedlichen Häufigkeitsangaben bezüglich Einsamkeit liegt darin, dass in den verschiedenen Studien *unterschiedliche Gruppen von Menschen unter unterschiedlichen Lebensbedingungen* befragt worden sind. So zeigt sich beispielsweise, dass die hohen Zahlen von Einsamkeitsgefühlen aus der Zeit der Covid-19-Pandemie stammen. Zudem ist zu klären, *wie repräsentativ* diese Gruppen für die Gesamtbevölkerung sind. Auch in dieser Hinsicht lässt sich nicht pauschal sagen, welche Methode der Realität eher entsprechende Resultate erbringt. Häufig haben Erhebungen an großen Gruppen den Vorteil, einen repräsentativeren Querschnitt durch die Bevölkerung zu liefern. Der Nachteil ist aber, dass die Befragung weniger tief geht und weniger individuell durchgeführt werden kann.

Schließlich sei noch etwas zur *Interpretation* von Resultaten gesagt. Denn die gleichen Daten können oft völlig unterschiedlich interpretiert werden. Man muss bei der Interpretation von Studien prinzipiell vorsichtig sein und darf aus dem gemeinsamen Auftreten irgendwelcher Sachverhalte nicht kurzschlüssig auf eine direkte Kausalität schließen. Kein Phänomen darf isoliert betrachtet werden, da es immer Querverbindungen zu anderen Phänomenen und gegenseitige Einflüsse gibt. Um es konkret zu machen: In der Forschung zu „Alter und Einsamkeit" hat sich beispielsweise gezeigt, dass ältere Menschen sich im Heim häufig einsamer fühlen als in ihrer privaten Wohnung. Es wäre indes ein Fehlschluss anzunehmen, das Heim sei kein guter Aufenthaltsort und würde den Bewohner:innen keine guten Lebensbedingungen bieten. Bei dem genannten Befund muss vielmehr beachtet werden, dass eine große Zahl von Heimbewohner:innen keine Partner:innen (mehr) hat, wobei zu berücksichtigen ist, dass das Leben in Partnerschaften einen Schutz vor Einsamkeitsgefühlen darstellt. Außerdem begeben sich die meisten älteren Menschen erst dann in ein Heim, wenn sie aufgrund ihres Gesundheitszustands nicht mehr in der eigenen Wohnung bleiben können. Hier ist zu bedenken, dass der Gesundheitszustand einen wesentlichen Einfluss auf die Gefühle von Einsamkeit hat. Dieses Beispiel zeigt, dass wir das Resultat „Ältere Menschen fühlen sich im Heim häufig einsamer als in der privaten Wohnung" erst dann richtig interpretieren, wenn wir andere Aspekte wie Partnerschaft und Gesundheitszustand in die Betrachtung miteinbeziehen.

Die Situation von Jugendlichen und jungen Erwachsenen

Vielfach besteht in der Öffentlichkeit die Vorstellung, Jugendliche seien in einer privilegierten Situation: das ganze Leben mit seinen vielen Möglichkeiten liege noch vor ihnen, sie würden zum Teil noch von ihren Eltern unterstützt, verfügten über eine gute Gesundheit, seien in der Schule oder in anderen Ausbildungsinstitutionen in Gruppen von Gleichaltrigen integriert, seien bestens vernetzt und ihnen stünde ein großes Freizeitangebot zur Verfügung. Da fragen sich viele: Warum kann ein solcher Jugendlicher sich denn einsam fühlen?

Leonie, 14-jährig, hatte sich in den ersten Schuljahren im Klassenverband wohlgefühlt. Sie hatte einige Freundinnen, mit denen sie sich auch außerhalb der Schule traf. Durch den Umzug in eine andere Stadt waren die meisten dieser Freundschaften jedoch weggebrochen, und Leonie hatte große Mühe, sich in die neue Klasse einzufügen. Hinzu kam, dass die Anforderungen in der neuen Schule höher waren als in ihrer alten und Leonie viel Zeit für die Erledigung der Hausaufgaben benötigte, wodurch sich die Möglichkeiten für gemeinsame Unternehmungen mit Klassenkamerad:innen erheblich einschränkten. Die Eltern bemerkten zwar, dass die Tochter sich mehr und mehr zurückzog, beruhigten sich selbst aber mit dem Argument „Sie ist jetzt in der Pubertät. Da sind die Mädchen halt so."

Was die Eltern nicht wussten und worüber Leonie auch mit niemandem sprach, war die Tatsache, dass sie in der Schule gemobbt wurde. Da sie kaum Kontakte in der Klasse unterhielt und als „Streberin" galt, wurde sie immer wieder und im Laufe der Zeit immer häufiger Opfer von verbalen Attacken. Vor allem zwei Jungen aus ihrer Klasse machten sich permanent lustig über sie, beschimpften sie und zogen nach und nach die übrigen Klassenkamerad:innen auf ihre Seite. So war Leonie schließlich völlig isoliert. Um sich vor den Angriffen der anderen Schüler:innen zu schützen, zog sie sich ihrerseits noch weiter zurück.

Den sozialen Rückzug versuchte Leonie zwar durch einen exzessiven Gebrauch der Social Media zu kompensieren. Doch brachte ihr dies keineswegs Erleichterung. Sie begann sich im Gegenteil noch viel einsamer zu fühlen, als sie auf den verschiedenen Portalen sah, was andere Jugendliche in ihrer Freizeit unternahmen und wie stark sie miteinander vernetzt waren. Sehr kränkend war für sie auch, dass sie bei Versuchen, mit anderen Jugendlichen wenigstens einen virtuellen Kontakt aufzubauen, immer wieder erlebte, dass sie von anderen, die sie anschrieb, ohne Begründung geblockt wurde. Diese Situation führte zu ausgeprägten depressiven Verstimmungen, die Leonie jedoch vor ihrer Umgebung verheimlichte, weil sie sich schämte, nun auch noch „psychisch krank" zu sein. In dieser Zeit begann sie auch, sich in Zuständen großer Verzweiflung zu schneiden.

Als die Mutter zufällig diese Verletzungen sah und Leonie darauf ansprach, brach die Tochter in Tränen aus und gestand ihrer Mutter, dass sie schon seit längerer Zeit total verzweifelt sei: „Ich bin in der Klasse ein Niemand und völlig isoliert. Keiner will etwas mit mir zu tun haben. Die machen sich nur lustig über mich." Auf die Frage, warum Leonie denn nie etwas davon gesagt habe, brach es aus ihr heraus: „Ihr versteht mich ja auch nicht!"

Leonie ist keineswegs die Einzige mit solchen Problemen. Gemäß Schätzungen[58] leiden 43 % der 15- bis 24-Jährigen unter Einsamkeitsgefühlen, und viele von ihnen haben Suizidgedanken. Eine Metaanalyse[59] von Studien, die in 36 Ländern der Welt mit über einer Million 15- bis 16-jährigen Jugendlichen zum Thema Einsamkeit in der Schule durchgeführt worden sind, zeigt, dass sich im Zeitraum 2012 bis 2018 die Zahl der Jugendlichen, die sich einsam fühlen, weltweit verdoppelt hat, wobei dies bei Mädchen ausgeprägter ist als bei Jungen.

Auch wenn Jugendliche wie Leonie in eine soziale Gruppe eingebunden sind – das kann die Schulklasse, aber auch die Gruppe der Auszubildenden in einer Firma sein –, heißt dies noch keineswegs, dass sie sich darin auch wohlfühlen und befriedigende soziale Kontakte haben. Die in Leonies Beispiel geschilderte Entwicklung ist typisch für solche Jugendliche: Sie sind Opfer von Mobbing, ziehen sich dann ihrerseits zurück und verlieren dadurch noch mehr Kontakte. Sie fühlen sich – und sind es tatsächlich auch – isoliert, leiden unter Depressionen, schneiden sich und sind suizidal. Da sie sich schämen, mit anderen Menschen, sogar mit ihren Eltern, über ihr Befinden zu sprechen, geraten sie immer tiefer in die Gefühle der Isolation und Vereinsamung und stehen unter dem Eindruck: „Niemand versteht mich, keiner akzeptiert mich, ich bin völlig allein."

In Bezug auf die Suizidgedanken, die bei solchen Jugendlichen häufig auftreten, sagt Dagmar Pauli, Chefärztin der Kinder- und Jugendpsychiatrie am Universitätsspital Zürich: „Suizidale Jugendliche wollen meistens nicht sterben, aber sie fühlen sich mit ihren Problemen alleine." Einsamkeit und Sich-unverstanden-Fühlen gehen laut Dagmar Pauli oft miteinander einher. „Viele getrauen sich nicht, Hilfe zu holen."[60]

Es ist tragisch, dass die Jugendlichen in dieser Situation häufig versuchen, wenigstens in den verschiedenen Portalen der virtuellen Welt Anschluss zu finden, dort dann aber dieselbe Ablehnung erfahren wie in der sozialen Realität. Mitunter sind die negativen

Kommentare dort sogar noch verletzender als im Kreis der Klassenkamerad:innen. Hinzu kommt die im Netz häufig gemachte Erfahrung, von angeschriebenen Personen mit harschen Worten oder ohne jegliche Begründung geblockt zu werden („Ghosting", vgl. Kapitel „Trennungen").

Die Zunahme von Einsamkeitsgefühlen in den vergangenen Jahren ist mitunter mit dem vermehrten Gebrauch der digitalen Medien in Zusammenhang gebracht worden. Dies erscheint auf den ersten Blick durchaus plausibel, da diese Medien eine virtuelle Welt darstellen und sich die Jugendlichen durch deren exzessiven Gebrauch von realen zwischenmenschlichen Beziehungen abkoppeln. Eine kritische Analyse dieser Studien[61] zeigt indes einen nur geringfügigen Zusammenhang zwischen diesen Variablen.

Es kann, wie bei Leonie, tatsächlich zu einer zunehmenden Isolation und Vereinsamung kommen. Es gibt aber auch Jugendliche, welche diese Medien zur Kommunikation mit anderen Menschen nutzen und dadurch den Kreis ihrer Bezugspersonen erweitern und durch die virtuellen Kontakte neue Anregungen erhalten. Ob der Aufenthalt in den verschiedenen Foren eine negative Auswirkung hat, hängt nicht nur von der auf diesen Plattformen verbrachten Zeit, sondern auch wesentlich von der Art der Foren ab. Zudem ist relevant, ob die virtuellen Kontakte eine Ergänzung oder ein Ersatz für reale interpersonelle Kontakte sind.

Außer den im Zusammenhang mit diesem Beispiel diskutierten Gründen für die alarmierend große Zahl von Jugendlichen, die unter Gefühlen der Einsamkeit leiden, sind die folgenden belastenden Faktoren von Bedeutung:

- die Jugendlichen ziehen aus dem Elternhaus aus,
- sie verlassen den schützenden, bisher Sicherheit gebenden Rahmen der Schule,
- sie treten in eine neue Lebensphase ein,
- sie beginnen eine Ausbildung, was mitunter mit einem Wohnortwechsel verbunden ist,
- die Kontakte zu Klassenkamerad:innen brechen ab,
- die allgemeine Verunsicherung angesichts von politischen, ökonomischen und ökologischen Problemen.

Wie diese stichwortartige Übersicht zeigt, gibt es vielfältige

Gründe, die erklären, warum Jugendliche und junge Erwachsene im Vergleich zu Menschen im mittleren Lebensalter vermehrt angeben, unter Einsamkeit zu leiden.

Einsamkeit im hohen Alter

Wie am Beginn dieses Kapitels erwähnt, entspricht die weitverbreitete Annahme, das Alter sei generell stark durch das Erleben von Einsamkeitsgefühlen geprägt, nicht der Realität. Auch wenn sich bei den verschiedenen Erhebungen recht große Unterschiede zeigen, bleibt über das Erwachsenenalter hin der Prozentsatz von Menschen, die sich einsam fühlen, relativ stabil.

Übereinstimmung zwischen verschiedenen Erhebungen besteht jedoch dahingehend, dass sich im hohen Alter, d. h. bei Menschen von über 80 Jahren, erhöhte Werte für Einsamkeitsgefühle finden. Auch bezüglich dieser Altersstufe kommen die Studien zu unterschiedlichen Prozentangaben. Aber Hochbetagte leiden mit ca. 20 % bis 26 % auf jeden Fall stärker unter Einsamkeitsgefühlen als Personen im mittleren Lebensalter.

Markus Zoller, 85-jährig, hatte bis zu seinem 65. Lebensjahr als kaufmännischer Angestellter gearbeitet. Er hatte in seinem Leben zwar mehrere Partnerschaften mit Frauen geführt, doch waren diese Beziehungen jeweils nach einigen Jahren auseinandergegangen. Einsam hatte er sich jedoch nie gefühlt. Soziale Beziehungen hatte er vorwiegend mit seinen Arbeitskolleg:innen unterhalten. Es war deshalb ein großer Einbruch in seinem Beziehungsnetz gewesen, als er pensioniert wurde. Anfangs hatte er noch Kontakt mit einigen ehemaligen Kollegen gehabt. Doch nach und nach waren diese Beziehungen abgebrochen. Hinzu kam, dass, je älter er wurde, mehr und mehr der Gleichaltrigen gestorben waren.

In den letzten Jahren vor seinem 80. Geburtstag hatte sich etliches geändert. Es war kein abrupter Wechsel in seiner Stimmung gewesen und auch keine plötzliche Wahrnehmung des Gefühls, einsam zu sein. Es war vielmehr ein eher schleichend verlaufender Prozess, der Markus Zoller aber immer deutlicher vor Augen geführt hatte, dass er im Grunde allein war. Erstmals hatte er bemerkt, dass er den Kontakt zu anderen Menschen vermisste und keine Möglichkeit sah, wie er aus der immer quälender werdenden Einsamkeit herauskommen könnte.

Statt die wenigen Kontakte, die er hatte, zu intensivieren, zog Markus Zoller sich immer mehr zurück, und es gab Wochen, in denen er die Wohnung nur verließ, um die nötigsten Einkäufe zu machen. Aber selbst dabei wurde er zunehmend nachlässiger. Oft fand er, es lohne sich nicht, wegen eines Brotes oder Milch die Wohnung zu verlassen. Das Angebot von „Essen auf Rädern" lehnte er kategorisch ab.

Markus Zoller begann, sich immer schlechter zu ernähren, achtete kaum auf seine Gesundheit und vernachlässigte sich auch weitgehend hinsichtlich Kleidung und Körperpflege. Ihn quälten sorgenvolle Gedanken an die Zukunft und wegen der Abnahme seiner körperlichen Kräfte Ängste vor Erkrankungen und dem Tod.

Da er seine Einsamkeit zunehmend spürte und darunter erheblich zu leiden begann, suchte er eine gewisse Kompensation durch virtuelle Kontakte in verschiedenen Chat-Foren. Da er in seiner beruflichen Tätigkeit viel mit Computern zu tun gehabt hatte, war er sehr versiert im Umgang mit diesem Medium und hatte kein Problem, sich im Internet zu bewegen. Anfangs war er begeistert, welche Möglichkeiten sich ihm hier boten. Er spielte diverse Spiele, die im Internet erhältlich waren, und beteiligte sich in Diskussionsforen zu außereuropäischen Ländern.

Um seinen Einsamkeitsgefühlen etwas entgegenzusetzen, begann er, sich auch auf Pornoseiten aufzuhalten. Oft verbrachte er etliche Stunden, mitunter bis spät in die Nacht, am Computer und schaute sich ein Sex-Video nach dem anderen an. Auch wenn er sich dabei oft selbst befriedigte, war es für ihn keine erfüllende Sexualität, sondern es war eine sexuelle Stimulation, mit der er die quälenden Gefühle der Einsamkeit zu überdecken versuchte.

Der stundenlange Aufenthalt im Internet führte dazu, dass Markus Zoller vermehrt zu rauchen und Alkohol zu trinken begann. Zudem versuchte er, die durch das lange Sitzen am Computer verursachten Rückenschmerzen mit Schmerzmitteln zu bekämpfen. Innerhalb eines guten halben Jahres war auf diese Weise ein Suchtverhalten entstanden, das zu einer weiteren Verschlechterung seines Befindens führte.

Zur Katastrophe kam es schließlich, als Markus Zoller auf der Treppe stürzte und sich einen Oberschenkelhalsbruch zuzog. Aufgrund seines schlechten Allgemeinzustands sahen die Ärzte keine Möglichkeit, ihn nach Hause zu entlassen, sondern legten ihm nahe, in ein Alters- und Pflegeheim zu ziehen. Markus Zoller wehrte sich anfangs zwar heftig dagegen, musste aber nach einiger Zeit einsehen, dass er auf Pflege angewiesen und eine Rückkehr in die eigene Wohnung nicht möglich war.

Anfangs fiel es ihm schwer, sich an das Heimleben zu gewöhnen. Die vielen neuen Gesichter verwirrten ihn, durch die Regeln, die hier einzuhalten waren, fühlte er sich mitunter sehr eingeengt, und selbstverständlich konnte er nun nicht mehr stundenlang rauchend und Alkohol trinkend am Computer zubringen. Doch nach und nach gewöhnte er sich wieder an ein „normales" Leben mit einem geordneten Schlaf-Wach-Rhythmus, mit festen Essenszeiten und ausgewogener Ernährung und erlebte – zum ersten Mal wieder seit seiner Pensionierung – regelmäßige soziale Kontakte, die er mehr und mehr zu schätzen begann.

Das Beispiel dieses 85-jährigen Mannes zeigt viele der Probleme auf, mit denen hochbetagte Menschen sich auseinandersetzen müssen und die zum Gefühl der Einsamkeit führen können:

- Wie etliche Studien[62] belegen, ist der *Erwerbsstatus* ein wichtiger Faktor bei der Entstehung von Einsamkeitsgefühlen. Solange eine Person im Erwerbsleben steht, werden durch die berufliche Tätigkeit ein strukturierter Tagesablauf und Kontakte zu Kolleg:innen gesichert. Außerdem wirkt sich das Erleben, einer sinnstiftenden Arbeit nachzugehen, positiv aus. Durch die *Pensionierung verdünnen sich die Kontakte* zu den Arbeitskolleg:innen und brechen schließlich ganz ab.
- Im Alter wird die Zahl von Bezugspersonen durch den *Tod Gleichaltriger* kleiner. Dies gilt vor allem für diejenigen Menschen, die während ihres Arbeitslebens vorwiegend Kontakte zu Mitarbeitenden unterhalten und keinen eigenen Freundeskreis aufgebaut haben. Dieser Befund, dass das *Beziehungsnetz* ein wesentlicher Faktor bei der Entstehung von oder beim Schutz vor Einsamkeitsgefühlen ist, hat sich immer wieder bestätigt.
- Wie die Studien zur Einsamkeit Hochbetagter zeigen, spielt ferner die *Partnerschaft* eine wesentliche Rolle: Personen, die mit einem Partner oder einer Partnerin zusammenleben, sind weniger gefährdet, Einsamkeitsgefühle zu entwickeln. Dies erklärt auch den Befund etlicher Studien, dass betagte Frauen, die in Anbetracht ihrer höheren Lebenserwartung meist ihre Männer überleben, sich einsamer fühlen als Männer. Markus Zoller im Beispiel hat zwar in früheren Jahren nicht darunter gelitten, dass seine Partnerschaften immer wieder gescheitert sind. Im hohen Alter jedoch erlebt er sein Alleinsein und leidet darunter.
- Ein weiterer wichtiger Faktor, den ich auch im Beispiel von

Herrn Zoller genannt habe, ist der *Gesundheitszustand*. Hier spielen verschiedene Aspekte eine Rolle. Zum einen können sich Menschen, die sich in schlechter gesundheitlicher Verfassung befinden, weniger an sozialen Aktivitäten beteiligen und sind aus diesem Grund auf sich zurückgeworfen. Die Folge ist das Gefühl des Ausgeschlossenseins und der Einsamkeit. Daraus kann sich ein Teufelskreis dergestalt entwickeln, dass die Einsamkeitsgefühle ihrerseits den Gesundheitszustand nochmals verschlechtern.

- Die Folge ist eine *depressive Entwicklung*, die sich in Ängsten, Sorgen, sozialem Rückzug sowie in Vernachlässigung des täglichen Lebens und der eigenen Person manifestiert. Nicht selten versuchen die Betreffenden, diesem quälenden Zustand zu entrinnen, indem sie übermäßig *rauchen*, *Alkohol* trinken und sich unter Umständen stundenlang im *Internet* aufhalten. Dies wiederum kann zu körperlichen Beschwerden wie Rückenschmerzen, aber auch zu Schlafstörungen sowie zu Alkohol- und Medikamentenmissbrauch mit den daraus resultierenden körperlichen wie psychischen Problemen führen.
- Ob es zu Einsamkeitsgefühlen kommt, hängt auch von der *Wohnsituation* der betagten Person ab. Es wirkt auf den ersten Blick vielleicht merkwürdig, dass betagte Menschen in Heimen sich eher einsam fühlen als diejenigen, die in Privathaushalten leben. Das Heim mit den dort angebotenen Aktivitäten und seinen vielen sozialen Begegnungsmöglichkeiten könnte doch gerade Einsamkeitsgefühlen entgegenwirken. Dass sich ältere Menschen in Heimen jedoch häufiger einsam fühlen, hängt mit ihrem Beziehungsstatus und ihrem Gesundheitszustand zusammen: Sie leben im Allgemeinen deshalb im Heim, weil sie alleinstehend oder verwitwet sind und/oder aufgrund ihrer gesundheitlichen Einschränkungen nicht mehr im Privathaushalt leben können. Allerdings kann der Aufenthalt in einem Heim, wie das Beispiel von Herrn Zoller zeigt, auch Einsamkeitsgefühle reduzieren.
- Die körperlichen und psychischen Probleme, unter denen betagte Personen leiden, lassen den Betreffenden ihre Einsamkeit bewusst werden und konfrontieren sie mit der *Endlichkeit* ihres Lebens, was vermehrte Ängste, Depressionen und Verzweiflung hervorruft.

Sexuelle Orientierungen und Geschlechtsidentitäten als Ursachen von Einsamkeit

Es mag auf den ersten Blick schwer verständlich erscheinen, dass die sexuellen Orientierungen und Geschlechtsidentitäten zu Einsamkeitsgefühlen führen können. Heute, wo sich Politiker:innen und andere Personen des öffentlichen Lebens, ja sogar Sportler:innen als lesbisch, schwul, bisexuell und trans outen, sollten die von der Mehrheitsgesellschaft abweichenden sexuellen Orientierungen und Geschlechtsidentitäten doch kein Problem mehr sein! Zudem gibt es in der Gegenwart eine Fülle von Vereinen und Aktivitätsgruppen für gleichgeschlechtlich empfindende Menschen und Transgender. Insofern haben sie doch eine große Zahl von Begegnungsmöglichkeiten und müssen nicht unter Einsamkeitsgefühlen leiden, könnte man denken.

Die Realität sieht jedoch leider anders aus. Noch längst nicht ist eine wirkliche Gleichstellung von queeren[63] Menschen erreicht, und Einsamkeitsgefühle spielen bei ihnen eine besonders große Rolle.[64]

So zeigt eine Studie[65] der Universität Köln, dass queere Personen doppelt so häufig über Einsamkeitsgefühle klagen wie die Angehörigen der cis[66] bzw. heterosexuellen Mehrheitsgesellschaft. Besonders ausgeprägt ist das Leiden unter Einsamkeit bei denjenigen Menschen, die mehrfach marginalisiert sind (z. B. Personen mit nichtbinärer Identität oder polysexuellen Orientierungen) und die darum auch in der queeren Community keinen großen Rückhalt finden.

Auf die Frage, was queere Personen so vulnerabel macht, gibt es nicht eine einzige Antwort. Wir haben es vielmehr mit einem Bündel unterschiedlicher Ursachen zu tun. Dabei lassen sich gesellschaftliche Aspekte und Ursachen aufgrund ihrer individuellen Situation unterscheiden.[67]

Wie in der Einleitung ausgeführt, leiden Menschen unter Einsamkeitsgefühlen, wenn sie an der Gesellschaft, in der sie leben, nicht teilhaben. Um sich der Gesellschaft zugehörig zu fühlen, muss das Individuum wahrnehmen, dass es wertgeschätzt und akzeptiert wird und Bestätigung von der Umgebung erhält. Dies kann auf ganz verschiedene Weise erlebt werden. Menschen fühlen sich der Gesellschaft, in der sie leben, zugehörig und wertgeschätzt, wenn sie eine sie akzeptierende Haltung der Mitmenschen spüren, als gleichwertig behandelt werden und Anerkennung bekommen. Dies führt dazu, dass sie sich ihrerseits mit dieser Gesellschaft identifizieren, wodurch ihr Zugehörigkeitsgefühl sich nochmals verstärkt.

Damit ein Zugehörigkeitsgefühl erlebt werden kann, bedarf es auf der einen Seite gesellschaftlicher Rahmenbedingungen, die sicherstellen, dass die betreffende Person von der Umgebung als gleichwertig betrachtet wird, die gleichen Rechte wie die anderen Mitglieder der Gesellschaft hat und keinen gesellschaftlichen Ausgrenzungen und Benachteiligungen ausgesetzt ist. Neben diesen gesellschaftlichen Rahmenbedingungen spielt bei der Entstehung eines Zugehörigkeitsgefühls aber auch die individuelle Erfahrung der Akzeptanz und Wertschätzung im konkreten Umgang mit anderen Menschen dieser Gesellschaft eine wichtige Rolle.

Es gibt verschiedene gesellschaftliche Faktoren, die sich auf das Zugehörigkeitsgefühl von queeren Menschen unterschiedlich auswirken. Da Personen mit gleichgeschlechtlichen Orientierungen in unserer Gesellschaft in einer anderen Situation leben als Transgender, werde ich im Folgenden die beiden Gruppen separat behandeln.

Gesellschaftliche Faktoren im Hinblick auf Personen mit gleichgeschlechtlicher Orientierung

In Bezug auf die Akzeptanz gleichgeschlechtlicher Orientierungen hat sich im Laufe der vergangenen Jahrzehnte zwar etliches verbessert. Doch noch immer besteht nicht überall eine *Gleichstellung* von Menschen mit gleichgeschlechtlicher Orientierung mit heterosexuellen Personen der Mehrheitsgesellschaft. Damit Menschen sich wohlfühlen und nicht unter Einsamkeitsgefühlen leiden, sind beispielsweise gesetzliche Rahmenbedingungen und gesellschaftliche Normvorstellungen notwendig, die dem Individuum Sicherheit vermitteln und ihm signalisieren: Ich bin in dieser Gesellschaft willkommen. Auf eben diese positiven gesellschaftlichen Signale treffen queere Personen jedoch vielfach nicht.

Einen Einfluss auf das Gefühl, akzeptiert und wertgeschätzt zu werden, haben auch die Bilder, die in der Gesellschaft über Menschen mit gleichgeschlechtlichen Orientierungen bestehen. Auch in dieser Hinsicht finden Lesben, Schwule und Bisexuelle in unserer Gesellschaft vielfach keine volle Akzeptanz. Immer noch haben viele Bürger:innen völlig unrealistische, negative Zerrbilder von ihnen.

Eine der gravierendsten Fehlannahmen mit großer negativer Konsequenz für homosexuelle Menschen besteht darin, dass Homosexualität und Pädophilie vermischt werden und die irrige Meinung besteht, Menschen mit gleichgeschlechtlichen Orientierungen seien eine Gefahr für Kinder und Jugendliche. Dies ist eine absolut falsche Vorstellung, denn Homosexualität und Pädophilie haben nichts miteinander zu tun. Homosexualität betrifft das Ausgerichtetsein auf Personen des gleichen Geschlechts, während wir mit Pädophilie das Interesse an Kindern und Jugendlichen bezeichnen, was es im homo- wie im heterosexuellen Bereich gibt.

Es bestehen zwar große Unterschiede zwischen den verschiedenen Ländern, aber eine völlige *rechtliche Gleichstellung* mit heterosexuellen Menschen ist nur in wenigen Ländern erreicht. Dies gilt beispielsweise für die Partnerschaft von Lesben und Schwulen. Längst nicht in allen Ländern ist es ihnen möglich, eine Ehe mit den gleichen Rechten wie bei heterosexuellen Menschen einzugehen. Wenn es überhaupt rechtlich anerkannte Partnerschaftsformen gibt, sind das zumeist staatlich registrierte Partnerschaften, die jedoch nicht die gleichen Rechte beinhalten wie die Ehe Heterosexueller. Dies betrifft beispielsweise das Erb- und das Adoptionsrecht sowie die Teilhabe an der Reproduktionsmedizin.

Als gleichgeschlechtlich empfindende Person zu wissen, dass sie in dieser Hinsicht nicht die gleichen Rechte hat wie heterosexuelle Menschen, ist eine diskriminierende Erfahrung, die zum Gefühl führt, in der betreffenden Gesellschaft nicht willkommen zu sein, und ein Grund für die Entwicklung von Einsamkeitsgefühlen.

Ein weiteres ausgrenzendes gesellschaftliches Signal ist die Tatsache, dass in der katholischen Kirche und in freikirchlich-evangelikalen Gruppierungen Personen, die von der Cis-Identität und der Heterosexualität abweichen, vielfach ausgegrenzt und pathologisiert werden. Jahrzehntelang mussten beispielsweise die in den Institutionen der katholischen Kirche Arbeitenden in ihrem Anstellungsvertrag unterschreiben, sich gemäß den Grundsätzen der katholischen Kirche zu verhalten. Dies hatte – bis zur Reform des katholischen Arbeitsrechts im November 2022 – immer wieder zu Konflikten und Entlassungen von Mitarbeiter:innen der katholischen Kirche geführt, wenn bekannt wurde, dass sie in einer gleichgeschlechtlichen Partnerschaft lebten. Unklar ist allerdings, ob das neue Arbeitsrecht in allen Diözesen auch umgesetzt wird, da es dem jeweiligen Bischof überlassen ist, zu entscheiden, ob er es umsetzen oder ignorieren will. Das mit solchen Arbeitsverträgen vermittelte

Signal hieß: Du bist als gleichgeschlechtlich empfindender Mensch in dieser Kirche nicht willkommen. Die Konsequenz war, dass Lesben, Schwule und Bisexuelle entweder Stellen in der katholischen Kirche nicht annahmen oder ihre sexuelle Orientierung zu verheimlichen versuchten und auf diese Weise unter häufig extremem Verheimlichungsstress mit seinen unheilvollen Folgen standen.

Dies ist eine Situation, mit der sich gleichgeschlechtlich empfindende Menschen in weiten Teilen der Welt konfrontiert sehen. In Deutschland kam durch die ARD-Dokumentation „Wie Gott uns schuf" vom 24. Januar 2022 einiges in Bewegung. In dieser Dokumentation outeten sich 100 Menschen im Dienst der katholischen Kirche, die sich als LGBTIQ+ identifizierten. Ende April 2022 veröffentlichten dann Brinkschröder, Ehebrecht-Zumsande und Mitarbeiter:innen das Buch *Out in Church. Für eine Kirche ohne Angst*[68].

Ausgelöst wurde diese Bewegung durch das Manifest der Initiative #ActOut, bei der sich im Magazin der *Süddeutschen Zeitung* vom 5. Februar 2021 185 Schauspieler:innen als lesbisch, schwul, bi, trans, queer, inter und nichtbinär outeten. Das Manifest beginnt mit den Worten „Wir sind hier und wir sind viele!" und fordert mehr Sichtbarkeit und Anerkennung von Menschen mit queeren Identitäten in der deutschen Film-, Fernseh- und Theaterbranche. Auf #ActOut folgten weitere Initiativen wie #KickOut, #PilotsOut, #TeachOut und schließlich auch #OutInChurch.

Ähnlich wie im Manifest von #ActOut heißt es im Manifest von #OutInChurch: „Wir sind's! Es wurde viel über uns gesprochen. Nun sprechen wir selbst.

Wir, das sind hauptamtliche, ehrenamtliche, potenzielle und ehemalige Mitarbeiter:innen der römisch-katholischen Kirche. Wir arbeiten und engagieren uns unter anderem in der schulischen und universitären Bildung, in der Katechese und Erziehung, in der Pflege und Behandlung, in der Verwaltung und Organisation, in der sozialen und caritativen Arbeit, als Kirchenmusiker:innen, in der Kirchenleitung und in der Seelsorge. Wir identifizieren uns unter anderem als lesbisch, schwul, bi, trans*, inter, queer und non-binär."[69]

Durch diese Publikation nahmen die Mitglieder der Bewegung #OutInChurch in Kauf, aufgrund ihres Coming-Outs ihre Stelle zu verlieren und aus kirchlichen Ämtern entlassen zu werden. Sie nahmen dieses Risiko auf sich, um sich durch ihr Coming-Out für eine

„Kirche ohne Angst" einzusetzen. Wie schon #ActOut ging es ihnen um mehr Sichtbarkeit und Akzeptanz queerer Menschen in der katholischen Kirche.

In der Folge schlossen sich immer mehr Mitarbeiter:innen der katholischen Kirche der Bewegung #OutInChurch an. Dies führte zu einer vorher kaum möglich erscheinenden lebhaften innerkirchlichen Diskussion in Deutschland und hatte zur Folge, dass der queere Personen diskriminierende Passus schließlich im November 2022 aus den Arbeitsverträgen in Deutschland entfernt wurde und Personen aus der LGBTIQ+ Community in der katholischen Kirche vor Diskriminierung geschützt werden sollten.

Die Bewegung #OutInChurch hat mit ihrem Manifest ein wichtiges Zeichen gesetzt und den Verheimlichungsstress und damit die Einsamkeit für viele queere Katholik:innen erheblich reduziert. Viele haben Jahre und Jahrzehnte im Verborgenen gelebt und standen, wie Alison Schumacher, eine der Autor:innen im Buch *Out in Church*, als nichtbinäre Person unter dem Eindruck, die einzige Person im kirchlichen Dienst mit nichtbinärer Identität zu sein: „Ich kannte niemanden, von dem ich wusste, dass er genauso fühlt wie ich. Auch in Film und Fernsehen habe ich keine Repräsentation gefunden. […] #ActOut hat mir gezeigt, dass ich nicht allein bin. Dass ich mich und meine Identität nicht für meinen Beruf verstecken muss. Dass es mir nicht zum Nachteil werden sollte, wer ich bin und wen ich liebe."[70]

Ein weiterer gesellschaftlicher Faktor, der bei homo- und bisexuellen Menschen zur Verheimlichung ihrer sexuellen Orientierung und damit zu Einsamkeitsgefühlen führt, ist die Tatsache, dass die im Licht der Öffentlichkeit stehenden Profisportler:innen, die eine zentrale Rolle als Identifikationspersonen spielen, sich nach wie vor schwertun, öffentlich zu ihrer gleichgeschlechtlichen Orientierung zu stehen. Zwar haben sich in den letzten Jahren immer wieder Sportler:innen geoutet, etliche allerdings erst, nachdem sie sich aus dem aktiven Leistungssport zurückgezogen haben. Nach wie vor ist es jedoch nur eine kleine Zahl, die diesen Schritt wagt.

Wir wissen nicht, wie viele Leistungssportler:innen queer sind. Es mag sein, dass sich unter ihnen eine kleinere Zahl von homo- und bisexuellen Personen als in der Mehrheitsbevölkerung findet. Etliche Sportler:innen, die von ihren Leistungen her durchaus geeignet wären, Karriere zu machen, nehmen den schwierigen Weg der Verheimlichung ihrer sexuellen Orientierung nicht auf sich und rücken nicht in die oberen Ränge des Leistungssports auf, weil sie dort als offen queer lebende Menschen diskriminiert würden. Trotzdem befinden sich unter den Leistungssportler:innen sicher weitaus mehr queere Personen als öffentlich bekannt.

Der Grund für das Verheimlichen ihrer gleichgeschlechtlichen Orientierung ist vor allem die Angst, als Lesbe, Schwuler oder bisexuelle Person in der Sportwelt nicht mehr akzeptiert zu werden. Dabei spielen auch finanzielle Interessen der Vereine und Sportorganisationen eine Rolle, da die Befürchtung besteht, Sponsoren würden sich zurückziehen, wenn die gleichgeschlechtliche Orientierung einer Sportlerin oder eines Sportlers bekannt würde. Dies scheint indes keine reale Gefahr zu sein, da das Coming-Out von bekannten Sportler:innen bisher offenbar nie zu solchen Konsequenzen geführt hat.

Durch das Verheimlichen ihrer wahren Identität leiden indes nicht nur die betreffenden Sportler:innen selbst. Ihr Verhalten hat vielmehr auch Auswirkungen auf die Gesamtgesellschaft, vor allem auf sportbegeisterte Jugendliche. Leistungssportler:innen stehen im Scheinwerferlicht der Öffentlichkeit und sind häufig insbesondere für Jugendliche wichtige Identifikationspersonen. Das Coming-Out von bekannten Sportler:innen würde generell ein wichtiges Signal für Jugendliche sein, nämlich dass sich Personen, deren sexuelle Orientierung von der Mehrheitsgesellschaft abweicht, ihrer Identität nicht schämen müssen. Weil eben diese Botschaft aber durch das Verheimlichen nicht oder nur selten an die Öffentlichkeit gelangt, ist dies ein Nachteil für alle Mitglieder unserer Gesellschaft.

Ein weiterer gesellschaftlicher Hinweis an Menschen mit gleichgeschlechtlichen Orientierungen, dass sie in unserer Gesellschaft nicht willkommen sind, ist die Tatsache, dass die Alters- und Pflegeinstitutionen im Allgemeinen nicht bzw. nur unzureichend auf queere Betagte vorbereitet sind.[71] Die wenigen bisher vorliegenden Studien zur Pflegesituation queerer Personen weisen übereinstimmend darauf hin, dass die Themen Homosexualität und Geschlechtsidentität im Allgemeinen nicht in den Curricula der Krankenpflegeausbildungen vorkommen. Eine Folge davon ist, dass die meisten Institutionen zur Begleitung, Behandlung und Pflege Betagter die Gruppe queerer Personen nicht im Blick haben, sich keine Gedanken über die bisherige Lebenssituation dieser Personen

machen und nicht berücksichtigen, welche spezifischen Probleme sich für queere Betagte durch den Eintritt in ein Alters- oder Pflegeheim ergeben können.

Franziska Leiser (83-jährig) und ihre Partnerin Johanna Kuster (75-jährig) sind seit 25 Jahren ein Paar. Sie haben sich jedoch nicht offiziell verpartnert und haben auch jeweils in ihrer eigenen Wohnung gelebt. Infolge zunehmender körperlicher Beschwerden hatte sich Franziska Leiser vor einem halben Jahr gezwungen gesehen, ihre Wohnung aufzugeben, und sich entschlossen, in ein Altersheim zu ziehen. Da es Johanna Kuster körperlich gut ging, war sie in ihrer Wohnung geblieben.

Da die beiden Frauen nicht offiziell verpartnert waren und jeweils in ihrer eigenen Wohnung gelebt hatten, hatte es keinen Grund für sie gegeben, sich einem größeren Personenkreis gegenüber als lesbisches Paar zu outen. Hinzu kam, dass sie einer Generation angehörten, die in Deutschland noch den Paragrafen 175 erlebt hatte. Auch wenn dieser Paragraf, der homosexuelle Beziehungen unter Strafe gestellt hatte, 1994 gestrichen worden war, bestand bei den beiden Frauen nach wie vor eine gewisse Scheu, über ihre gleichgeschlechtliche Orientierung zu sprechen. Die ihnen nahestehenden Verwandten und ihre Freund:innen hatten sie jedoch informiert und lebten insofern mehr oder weniger offen als gleichgeschlechtliches Paar.

Mit dem Heimeintritt von Franziska Leiser sahen die beiden Frauen sich jedoch plötzlich mit einer neuen Situation konfrontiert. Nun begann wieder „das alte Spiel“, wie Franziska Leiser die Situation ironisch kommentierte: Immer wieder von Neuem musste sie im Umgang mit der Heimleitung, den Pflegenden und den Mitbewohner:innen entscheiden, ob und wenn ja, wem gegenüber und in welcher Form sie von ihrer lesbischen Partnerschaft sprechen wollte.

„Ich habe nicht gedacht, dass ich noch einmal in eine solche Situation komme“, klagte Franziska Leiser ihrer Partnerin einige Wochen nach ihrem Einzug ins Heim. „Beim Ausfüllen des Personalblatts habe ich beim Personenstand natürlich ‚ledig' angekreuzt. Was hätte ich sonst tun sollen? Im Eintrittsgespräch mit der Heimleiterin habe ich dann natürlich dich als Bezugsperson angegeben. Wahrscheinlich hätte ich da gleich sagen sollen, dass wir Partnerinnen sind. Die Heimleiterin hat mich aber nicht gefragt, in welchem Verhältnis wir zueinander stehen, und da war es mir peinlich, das von mir aus zu erwähnen.“

Ähnlich war es Franziska Leiser mit den Pflegenden und ihren

Mitbewohner:innen ergangen. Da auf ihrem Personalblatt „ledig" stand, nahmen die im Heim Tätigen wie selbstverständlich an, es gebe keine Person, und schon gar nicht eine Frau, mit der Franziska Leiser in einer Partnerschaft lebe. Und auch die Mitbewohner:innen gingen davon aus, dass sie keinen ‚Partner' habe, wenn sie auf die Frage, ob sie verheiratet sei, mit ‚Nein' antwortete.

„Du musst in einem solchen Gespräch sofort sagen: ‚Ich habe keinen Partner, sondern eine Partnerin'", riet Johanna Kuster ihr. „Dann ist es ein für alle Mal klar".

Franziska Leiser stimmte ihrer Partnerin zwar zu, gestand dann aber: „Es ist zwar blöd von mir. Aber es ist mir immer noch peinlich zu sagen, dass ich lesbisch bin. Gleichzeitig ärgert es mich aber auch, dass die Leute hier im Heim mich wie eine ledige heterosexuelle Frau behandeln."

Da Franziska Leiser ihre Partnerin bat, nicht mit der Heimleitung Kontakt aufzunehmen, um die Situation zu klären – und da Johanna Kuster, wenn sie sich selbst gegenüber ehrlich war, auch nicht den Mut hatte, ihre lesbische Beziehung bekannt zu machen –, blieb die Situation für etliche Monate für alle Beteiligten unklar. Die beiden Partnerinnen verhielten sich so, als seien sie „gute Freundinnen", und wagten nur, Zärtlichkeiten auszutauschen, wenn sie absolut sicher waren, dass niemand sie beobachtete.

Als es für die beiden mit der Zeit unerträglich wurde, ihre Beziehung weiter geheim zu halten, eröffnete Franziska Leiser der Heimleiterin, dass Johanna Kuster und sie ein Paar seien, und bat sie, dies den Mitarbeiter:innen im Heim mitzuteilen. Die Heimleiterin reagierte zwar auf diese Mitteilung nicht ausgesprochen negativ. Sie konnte aber ihr Erstaunen doch nicht total verbergen und wies darauf hin, dass sie „mit einem solchen Problem" zum ersten Mal konfrontiert seien. Auf jeden Fall bitte sie die beiden Frauen, sich „diskret" zu verhalten, damit die anderen Bewohner:innen sich durch sie nicht „belästigt fühlen" würden.

Betagte sind in besonderer Weise nicht nur körperlich, sondern auch emotional und sozial auf eine sie unterstützende, wertschätzende Umgebung angewiesen. Nun aber als queere Menschen – und dies gilt für Transgender ebenso wie für Personen mit gleichgeschlechtlichen Orientierungen – im Alter erleben zu müssen, dass sie, wie die beiden im Beispiel geschilderten Frauen, von der Umgebung in ihrer spezifischen Art nicht wahrgenommen werden und in den Pflegekonzepten der Alters- und Pflegeheime gar nicht vorkommen, ist nur schwer zu verkraften.

Gewiss hätte sich die Situation leichter klären lassen, wenn Franziska Leiser den Mut gehabt hätte, von vorneherein mitzuteilen, dass Johanna Kuster und sie ein Paar seien. Zugleich ist aber auch verständlich, dass sie mit ihren Erfahrungen aus der Nachkriegszeit, in der immer noch der Paragraf 175 gültig war, nach wie vor Hemmungen hatte, sich gegenüber einer ihr fremden Person als lesbische Frau zu erkennen zu geben.

In dieser Situation hätte für Franziska Leiser eine Rückfrage der Heimleiterin, ob sie in einer Partnerschaft mit einem Mann oder einer Frau lebe, eine große Hilfe sein können. Unabhängig davon, ob sie darauf mit dem Hinweis, lesbisch zu sein, reagiert oder dies verschwiegen hätte, hätte ihr die Frage an sich signalisiert, dass in diesem Heim mit der Anwesenheit von homosexuellen Menschen gerechnet wird. Was sie hingegen später bei ihrer Mitteilung, sie lebe in einer gleichgeschlechtlichen Partnerschaft, erfährt, ist das Gegenteil: Bisher sei das Heim mit einem solchen „Problem" noch nicht konfrontiert worden!

Es ist keineswegs ein Zeichen von übertriebener Empfindlichkeit, wenn Franziska Leiser diese Äußerung als Ablehnung und Entwertung erlebt. Auch die Bitte der Heimleiterin, die beiden Frauen möchten sich „diskret" verhalten, damit die anderen Bewohner:innen sich nicht „belästigt" fühlen würden, stellt eine empfindliche Kränkung dar. Die Folge sind bei Franziska Leiser Gefühle, einsam zu sein, und dies in einer Lebensphase, die ohnehin die Gefahr der Vereinsamung in sich birgt (vgl. das Unterkapitel „Einsamkeit im hohen Alter").

Gesellschaftliche Faktoren im Hinblick auf Transgender

Noch ausgeprägter, als dies bei Menschen mit gleichgeschlechtlichen Orientierungen der Fall ist, sehen sich Transgender mit gesellschaftlichen Faktoren konfrontiert, die ihnen signalisieren, dass sie von der Mehrheitsgesellschaft nicht willkommen geheißen werden und dass sie nicht die gleichen Rechte haben. Dies führt bei ihnen in noch stärkerem Maße als bei homo- und bisexuellen Personen zu einem sozialen Rückzug und, damit verbunden, zu Einsamkeitsgefühlen.

Die bei Menschen mit gleichgeschlechtlichen Orientierungen genannten Faktoren (negative Zerrbilder von ihnen in der Gesellschaft, mangelnde Akzeptanz in der katholischen Kirche und in freikirchlich-evangelikalen Gruppierungen, Nicht-Sichtbarkeit im Hochleistungssport, Unvorbereitetsein der Alters- und Pflegeinstitutionen) spielen auch bei Transgendern eine zentrale Rolle.

Besonders schwerwiegend ist die extreme Fremdbestimmung, der Transgender bei den von ihnen gewünschten Transitionsschritten (z. B. körperliche Angleichung an das empfundene Geschlecht, Änderung des Vornamens und des Personenstandes) ausgesetzt sind. So müssen sie sich dem Zwang unterwerfen, sich für etliche dieser Schritte von „Experten" begutachten zu lassen.[72] Dies ist eine sie verletzende Diskriminierungserfahrung, die trans Personen in die Position einer erheblichen gesellschaftlichen Benachteiligung drängt.

Bis zum Jahr 2011 war es beispielsweise in Deutschland trans Personen nur dann möglich, eine Personenstandsänderung vorzunehmen, wenn sie zuvor durch operative Maßnahmen zeugungs- bzw. gebärunfähig gemacht worden waren. Dieser aus menschenrechtlicher Sicht unzumutbare Zwang wurde erst 2011 mit dem Entscheid des Deutschen Bundesverfassungsgerichts aufgehoben. Seither wird eine Vornamens- und Personenstandsänderung gestattet, ohne dass irgendwelche körperlichen Behandlungen stattgefunden haben. Immer aber bedarf es für diese rechtliche Maßnahme noch zweier Gutachten. Ähnlich ist die Situation in Österreich.

Aktuell ist die Personenstandsänderung in Deutschland ein in der Öffentlichkeit und in politischen Gremien mit großer Emotionalität kontrovers diskutiertes Thema. Hierbei geht es vor allem um ein Selbstbestimmungsgesetz, das trans Personen ermöglichen soll, ohne Vorlage von Gutachten ihren Vornamen und den Personenstand ändern zu können. Wenn ein solches Gesetz formuliert würde und in Kraft träte, wäre damit zumindest ein Teil der extremen Fremdbestimmung von trans Personen beseitigt.

In der Schweiz haben Transgender seit Januar 2022 die Möglichkeit, eine Änderung ihres Vornamens und ihres Personenstandes ohne Vorlage von Gutachten vorzunehmen.

Nach wie vor aber besteht in Deutschland, Österreich und der Schweiz für Transgender die Verpflichtung, sich begutachten zu lassen, wenn sie medizinische Maßnahmen zur körperlichen Angleichung an das empfundene Geschlecht in Anspruch nehmen wollen.

Schließlich ist auch die in unseren Gesellschaften bestehende Cis-Heteronormativität, durch die alle von der Cis-Identität und der Heterosexualität abweichenden Menschen abgelehnt und pathologisiert werden, eine strukturelle Form der Ausgrenzung. Die Cis-Heteronormativität prägt weitgehend unsere Gesellschaft. Dies zeigt sich beispielsweise in der Reklame, in der zumeist heterosexuelle Personen, häufig Familien mit Mutter, Vater und Kindern, gezeigt werden. In Filmen erscheinen in den letzten Jahren zwar vermehrt auch queere Personen, oft jedoch nach wie vor in eher klischeehafter Form. Insbesondere Transgender werden nur selten als völlig unauffällige Personen dargestellt.

In einer besonderen Situation befinden sich nichtbinäre Personen. Da unsere Gesellschaft stark binär geprägt ist, erleben sie auf Schritt und Tritt, dass sie nicht dazugehören. Dies zeigt sich vor allem in der Sprache bei der Verwendung der verschiedenen Pronomen. Dass eine Person darum bittet, in Verbindung mit ihr keine weiblichen oder männlichen Pronomen zu verwenden, bringt viele Menschen in unserer Gesellschaft in große Schwierigkeiten. In solchen Situationen heißt es dann schnell, man müsse nicht jede „Marotte" irgendwelcher „exzentrischen" Personen mitmachen und man lasse sich nicht etwas so „Absurdes" wie die Vermeidung von Pronomen von einer Minorität aufdrängen. Heftige Kritik richtet sich in diesem Zusammenhang auch gegen die Verwendung von sogenannten Platzhaltern, Zeichen wie Genderstern, Doppelpunkt oder Unterstrich, mit denen ausgedrückt werden soll, dass es zwischen weiblich und männlich ein weites Spektrum von Identitäten gibt.

In allen diesen Fällen erleben queere Personen, dass sie von der Mehrheitsgesellschaft nicht als die anerkannt und akzeptiert werden, die sie sind. Dies hat oft die Entstehung von Einsamkeitsgefühlen zur Folge. In dieser Situation sind Selbsthilfegruppen und Transorganisationen eine wichtige Hilfe.

Individuelle Faktoren

Neben diesen gesellschaftlichen Verletzungen kommt es zu einer Fülle von Diskriminierungserfahrungen, die queere Personen in ihrem persönlichen Umfeld machen.[73] Hier sind beispielsweise Konflikte und Ablehnung zu nennen, die sie *bei ihrem Coming-out* erleben. Vielfach besteht die Ansicht, ein Coming-Out sei heute kein Problem mehr, wo sich doch immer wieder auch Personen, die in der Öffentlichkeit stehen, als queer zu erkennen geben. Tatsächlich jedoch weisen die uns vorliegenden Studien übereinstimmend darauf hin, dass das Coming-Out selbst Jugendlichen nicht leichtfällt und sie unter einer deutlich größeren Zahl von psychischen Störungen leiden als cis-heterosexuelle Jugendliche.[74]

Bekannt ist auch, dass es in Schulen und Sportvereinen oft zu einem *Bullying* von queeren Kindern und Jugendlichen sowie im Erwachsenenalter zu *Diskriminierungen im beruflichen Bereich*[75] kommt.

Traumatische Folgen können auch *Beziehungsabbrüche mit der Herkunftsfamilie* haben, welche die sexuelle Orientierung und die Geschlechtsidentität der queeren Person nicht akzeptiert. Dies kann durch kulturell bedingte Ablehnung von Homosexualität und Transidentität verursacht sein. Beziehungsabbrüche finden sich aber auch in Familien mit freikirchlichem oder konservativ katholischem Hintergrund. In jedem Fall bedeutet die Distanzierung von wichtigen Bezugspersonen für die queere Person eine Kränkung und vermittelt ihr das Gefühl, nicht erwünscht zu sein und nicht so akzeptiert zu werden, wie sie ist.

Transgender sind von solchen Ausgrenzungen und Diskriminierungen in noch stärkerem Maße betroffen als Lesben, Schwule und Bisexuelle.

Die Erfahrung, ausgegrenzt zu werden und keine gleichwertigen und gleichberechtigten Mitglieder der Mehrheitsgesellschaft zu sein, führt zu Gefühlen der Verzweiflung, der Scham und zum Rückzug von sozialen Kontakten. Es vergeht deshalb oft eine relativ lange Zeit zwischen dem Gewahrwerden der queeren Identität oder Orientierung und dem ersten Gespräch darüber mit einer Vertrauensperson. Wie das Beispiel von Franziska Leisers Heimeintritt zeigt, kann die Hemmung, sich als queer zu outen, sogar bis ins hohe Alter fortbestehen.

Die Corona-Pandemie (siehe Kapitel 1) hat insbesondere bei queeren Personen gravierende negative Folgen für ihr Wohlbefinden gehabt. Aufgrund der vielfältigen Kontaktbeschränkungen konnten sie, die in besonderem Maße auf die Angebote der queeren Community angewiesen sind, ihre Beziehungen über längere Zeit nicht pflegen und haben deshalb, mehr noch als cis-heterosexuelle Menschen, stark unter Einsamkeitsgefühlen gelitten.

So zeigte sich in Bezug auf Transgender in einer Online-Querschnittstudie in deutschsprachigen Ländern[76], dass diese seit Beginn der Covid-19-Pandemie vermehrt Barrieren sowohl bei geschlechtsangleichenden Behandlungen und psychosozialen Unterstützungsangeboten als auch im Bereich der Covid-19-bezogenen medizinischen Versorgung erlebten. Im Vergleich zur Mehrheitsbevölkerung berichteten sie übermäßig häufig von somatischen Erkrankungen, auch von solchen, die ein erhöhtes Risiko für schwere Verläufe einer Covid-19-Infektion darstellten. Durch die Covid-19-Pandemie haben sich die bisherigen Vulnerabilitäten für gesundheitliche Probleme und der eingeschränkte Zugang zu einer qualifiziert informierten Trans-Gesundheitsversorgung deutlich verschärft.

Es sei an dieser Stelle noch auf einen Bereich hingewiesen, von dem eigentlich nicht erwartet wird, dass es in ihm zu Ausgrenzungen kommt und er zur Entwicklung von Einsamkeitsgefühlen beiträgt. Dies ist die *queere Community* selbst, mit ihren diversen Gruppierungen und Angeboten. Diese oft auch als „family" bezeichnete Community gilt im Allgemeinen als Ersatz für zerbrochene Beziehungen zur Herkunftsfamilie und als stützende Kraft in Coming-Out-Prozessen. Die queere Community erfüllt jedoch nicht in jedem Fall eine die Identität queerer Menschen stärkende, sie unterstützende Funktion, sondern es kommt auch in ihr zu gegenseitiger Diskriminierung, was die vielleicht ohnehin bestehenden Einsamkeitsgefühle nochmals verstärkt.

Ausgrenzungen bestimmter queerer Personen, z. B. effeminierter schwuler Männer, sogenannter „Tunten", oder gegenseitige Diskriminierungen verschiedener trans Gruppen oder Ablehnung von Transgendern durch einzelne Schwulen- oder Lesbengruppen sind Beispiele für Ausgrenzungen, die innerhalb der queeren Community stattfinden. Die negativen Folgen solcher Erfahrungen sind umso schwerwiegender, als queere Menschen gerade in der „family"/„Community" – mit Recht – Unterstützung erhoffen, die sie in der Mehrheitsgesellschaft nicht erhalten. Nun aber zu erleben, gerade von denen, die in vielfacher Hinsicht selbst Opfer von Ausgrenzungen sind, diskriminiert zu werden, ist nicht nur eine herbe Enttäuschung, sondern treibt in besonderem Maße in Einsamkeit.

Was bedeutet dies für die Entstehung von Einsamkeitsgefühlen bei queeren Personen?

Aus den bisherigen Ausführungen ergibt sich, dass vor allem Jugendliche mitunter jahrelang ihre wahre Identität und ihre von der Mehrheitsgesellschaft abweichende sexuelle Orientierung geheim halten, was zu einem erheblichen Verheimlichungsstress[77] mit sehr negativen Konsequenzen (Depressionen, Ängste, Suizidalität) führt.

Aber auch queere Erwachsene – und hier sind es insbesondere Personen der älteren Generation – leiden nicht selten unter einem erheblichen Verheimlichungsstress. Da sie fürchten, in Gesprächen mit anderen Menschen über ihr Leben würde es zu Fragen nach ihren Beziehungen kommen, vermeiden sie oft persönliche Kontakte und ziehen sich weitgehend zurück. In dieser Situation sind Selbsthilfegruppen und queere Organisationen besonders wichtig. Dies können zum einen internationale und nationale Verbände für Lesben, Schwule, Bisexuelle und trans Personen sein. Zum anderen kommt aber insbesondere den lokalen und damit leicht erreichbaren Angeboten (beispielsweise Coming-out-Gruppen, Vereinen wie *queerAltern* in der Schweiz, Gruppen für schwule Väter oder Pan- und Bisexuelle) eine große Bedeutung zu. Dabei ist es allerdings wichtig, dass diese Angebote bekannt gemacht und genutzt werden. Findet dies nicht statt, so kann dies den Eindruck queerer Personen verstärken, keine Unterstützung zu haben, keine Wertschätzung zu erleben und einsam zu sein.

Armut

Obwohl zum Zusammenhang zwischen Armut und Einsamkeitsgefühlen keine konkreten Zahlen vorliegen, besteht bei allen Autor:innen, die sich mit diesem Thema beschäftigen, die einhellige Ansicht, dass Menschen mit Armutserfahrungen ein erhöhtes Risiko haben, sich einsam zu fühlen.

Was verstehen wir unter „Armut"?

Der Indikator „Armutsquote"[78] gibt an, wie hoch der Anteil der Bevölkerung ist, deren Einkommen unter einer finanziell definierten Armutsgrenze liegt. Zur Bestimmung von Armut werden verschiedene Konzepte verwendet: Das absolute Armutskonzept

(„Armut“) basiert auf einer Armutsgrenze in Höhe des sozialen Existenzminimums. Es wird ergänzt durch das international gängige relative Armutskonzept („Armutsgefährdung“). Um auch nicht-monetäre Aspekte der Armut erfassen zu können, gibt es auch noch einen europäisch definierten Indikator zur Messung der materiellen Entbehrung.

In der Schweiz[79] betrug im Jahr 2021 die Armutsquote 8,7 %, armutsgefährdet waren 14,6 %. In Deutschland betrug 2021 die Armutsquote 16,9 %, armutsgefährdet waren 15,8 %.[80] Die Armutsquote in Österreich[81] betrug 2021 17,3 %, die Armutsgefährdung betraf 14,7 %.

Aus diesen Zahlen geht hervor, dass ein keineswegs kleiner Teil der Bevölkerung in Deutschland, Österreich und der Schweiz in Armut lebt bzw. von Armut bedroht ist. In Anbetracht der in jüngster Zeit steigenden Inflation besteht bei vielen Menschen die – berechtigte – Angst, in Armut zu geraten. Dabei trifft die Teuerung insbesondere die Ärmsten. Von Armut sind vor allem Frauen, ältere Menschen sowie alleinerziehende und alleinlebende Personen betroffen. Hinzu kommen die Menschen, die arbeitslos sind, und unter ihnen insbesondere die Langzeiterwerbslosen.

Charakteristisch für die Armut in der Gegenwart ist die Tatsache, dass es bei länger dauernder Armut schwierig ist, wieder aus ihr herauszukommen.[82]

Armut und Einsamkeit

Martin Schuster (45-jährig, verheiratet, Vater einer Tochter von 13 und eines Sohnes von 15 Jahren) hatte viele Jahre als Büroangestellter in einer Firma gearbeitet, die Pharmazeutika herstellte und in verschiedenen Städten Filialen hatte. Immer wieder hatte es zwar Gerüchte gegeben, es stehe finanziell nicht gut um die Firma. Die Vorgesetzten hatten aber lediglich auf „gewisse Schwierigkeiten" in der Produktion und „gewisse Lieferprobleme" im Zusammenhang mit der Corona-Pandemie sowie dem Krieg in der Ukraine hingewiesen. Eine ernst zu nehmende Gefährdung hinsichtlich der Arbeitsplätze bestehe jedoch absolut nicht.

Umso mehr erschütterte die Belegschaft eines Tages die Nachricht, dass die Firma „leider gezwungen" sei, zwei ihrer Niederlassungen zu fusionieren, was die Entlassung einer größeren Zahl von Mitarbeiter:innen zur Folge habe. Die Firmenleitung werde versuchen, „Härten zu vermeiden", und werde bei der Suche nach neuen Stellen behilflich sein.

Martin Schuster war einer der Mitarbeitenden, die nicht in der Firma bleiben konnten und die nicht in der Lage waren, innerhalb kurzer Zeit eine neue Arbeitsstelle zu finden. Seiner Frau hatte er anfangs zwar von den Problemen in der Firma erzählt, ihr jedoch nicht in vollem Umfang die Brisanz der Situation dargestellt. Sie nahm deshalb an, dass ihr Mann weiter in der Firma arbeiten könne und der Lebensunterhalt der Familie gesichert sei. Frau Schuster war deshalb völlig überrascht und schockiert, als ihr Mann ihr eines Abends eröffnete, dass am folgenden Tag sein letzter Arbeitstag sei. Er beruhigte sie jedoch damit, dass er ja eine Arbeitslosenunterstützung beziehe und sicher bald eine neue Stelle haben werde.

Indes erwies sich Herrn Schusters Hoffnung, bald eine neue Stelle zu finden, als Irrtum. Er bewarb sich bei einer großen Zahl von Firmen, die mitunter nicht einmal den Eingang seiner Bewerbung bestätigten und ihm oft auch keine Absage zukommen ließen. Aus diesen Gründen wurde die Zeit der Arbeitslosigkeit für ihn zu einer großen psychischen Belastung. Zum einen wirkte sich diese Situation sehr negativ auf sein Selbstwertgefühl aus, da die Arbeit für ihn eine wichtige, wenn nicht sogar die wichtigste Ressource gewesen war. Zum anderen litt er unter starken Schamgefühlen und war deshalb bestrebt, die Arbeitslosigkeit vor anderen Menschen unter allen Umständen geheim zu halten. Aus diesem Grund zog er sich mehr und mehr von sozialen Kontakten zurück.

Hinzu kamen finanzielle Sorgen, da der Bezug des Bürgergelds (der früheren Arbeitslosenunterstützung) eine Einkommenseinbuße mit sich brachte. Da er von anderen Kolleg:innen, die wie er die Stelle verloren hatten, immer wieder hörte, dass es ihnen nicht gelungen war, eine neue Stelle zu finden, geriet auch Martin Schuster zunehmend in Angst, den Wiedereinstieg in den Beruf nicht zu schaffen.

Der hier geschilderte Verlust der Arbeitsstelle ist lediglich der Beginn einer Situation, die schwerste negative Auswirkungen auf die betreffende Person und ihre Familie haben kann. Wie im Beispiel dargestellt, sind es zum einen die dadurch ausgelösten finanziellen Probleme, die bis zu schwerwiegender Armut führen können, und zum anderen die psychische Belastung, die sich aus einer länger andauernden Erwerbslosigkeit ergibt.[83]

Die Erwerbslosigkeit geht über kurz oder lang mit einem *Verlust an Kontakten* zu den Arbeitskolleg:innen einher. Sogar die Kontakte in den sozialen Medien verringern sich mit zunehmender Dauer der Erwerbslosigkeit, da sich die Lebenswelten der im Beruf Stehenden und der Erwerbslosen immer weiter voneinander entfernen.

Diese Situation führt häufig zu einem *aktiven sozialen Rückzug* der von Armut betroffenen Personen, die sich nicht mehr als der Gesellschaft zugehörig erleben.

Zu diesem Rückzug tragen, wie bei Martin Schuster im Beispiel, in nicht unerheblichem Maße auch *Scham- und Schuldgefühle* bei, da in der Gesellschaft vielfach die Vorstellung besteht – die auch die von Armut Betroffenen verinnerlicht haben –, sie seien selbst schuld an ihrer Situation. Verhängnisvoll wirkt sich in diesem Zusammenhang aus, dass durch das Leben in Armut auch das *Selbstwertgefühl erheblich leidet.* Der „Wert" eines Menschen wird in den westlichen Gesellschaften, insbesondere wenn es Männer angeht, häufig daran gemessen, ob eine Person in einer beruflich und materiell gesicherten Position lebt. Da die von Armut betroffenen Personen wie Martin Schuster diese Vorstellung selbst verinnerlicht haben, kommt es bei ihnen häufig zu massiven Selbstentwertungen, die das Selbstwertgefühl nochmals schwächen.

Die Scham wegen der Erwerbslosigkeit hat mitunter sogar zur Folge, dass die betreffende Person ihre Situation nicht einmal den nächsten Angehörigen offenbart. Ein solches Verhalten zeigt, zumindest tendenziell, auch Martin Schuster im Beispiel. So hat er zwar anfangs seiner Frau über die sich zuspitzende Situation in seiner Firma berichtet, sie dann aber nicht auf dem Laufenden gehalten und sie erst am Tag vor seiner Entlassung darüber informiert, dass der letzte Arbeitstag gekommen ist.

Mitunter kommt es zu noch wesentlich dramatischeren Situationen, indem die erwerbslose Person Tag für Tag angeblich zur Arbeit geht, sich tatsächlich aber irgendwo versteckt aufhält, nur um gegenüber dem Umfeld den Anschein zu erwecken, noch erwerbstätig zu sein. Dies sind Situationen größter Einsamkeit, da eine solche Person völlig auf sich selbst zurückgeworfen ist, wenn sie selbst vor Ehepartnern und Kindern ihre Erwerbslosigkeit verheimlicht und in der permanenten Angst lebt, dies könnte entdeckt werden.

Insgesamt erleben von Armut betroffene Menschen eine *mangelnde Teilhabe am gesellschaftlichen Leben.* Über nur geringe materielle Mittel zu verfügen, führt oft zu einer weitgehenden Abkoppelung von sozialen Kontakten. Den von Armut betroffenen Menschen fehlt das Geld, das sie zur Aufrechterhaltung ihrer sozialen Beziehungen benötigen würden: Sie können sich aus finanziellen Gründen beispielsweise nicht mit Bekannten in einem Café treffen und haben kein Geld für Reisen, um Familienangehörige oder Freund:innen zu besuchen, und es fehlt ihnen an finanziellen Mitteln, um Bekannte zu sich nach Hause zum Essen einzuladen. Vielfach spielen dabei auch Schamgefühle wegen der in solchen Situationen sichtbar werdenden Armut eine zentrale Rolle.

Ein Aspekt, der bei der Diskussion von Armut und ihren Folgen oft übersehen wird, ist die *Ernährung.* Aufgrund ihrer eingeschränkten finanziellen Mittel ernähren sich viele von Armut betroffene Menschen ausgesprochen ungesund. Hochwertige Nahrungsmittel sind im Allgemeinen teuer und damit für arme Menschen kaum erschwinglich. Hinzu kommt, dass sie in ihrer schwierigen finanziellen Lage der Ernährung auch keinen großen Stellenwert beimessen. Die ungesunde Ernährung hat ihrerseits indes wieder negative Folgen körperlicher wie psychischer Art und lässt die von Armut betroffene Person permanent spüren, dass sie über nur sehr beschränkte finanzielle Mittel verfügt. Dabei besteht eine verhängnisvolle Wechselwirkung zwischen Krankheit und Armut, wie Barbara Eschen, Sprecherin der Nationalen Armutskonferenz (NAK) konstatiert: „Armut macht krank."[84]

Wie oben beschrieben, ist es heute oft sehr schwierig, sich wieder aus der Armut zu befreien. Dies führt mit der Zeit häufig auch zu *Resignation und Verzweiflung*, in deren Folge es zu Depressionen, zum Griff nach Alkohol und Medikamenten (als vermeintlichen Selbstheilungsversuch) sowie zu Suizidalität kommen kann.

Besonders prekär ist die Situation für *Kinder und Jugendliche*, die in von Armut betroffenen Familien aufwachsen. Die im Beispiel geschilderte Erwerbslosigkeit von Martin Schuster hat sich noch nicht so stark auf die finanzielle Situation der Familie ausgewirkt, dass es zu massiven Einschränkungen gekommen ist. Bei länger andauernder Erwerbslosigkeit der Eltern ist es jedoch nicht möglich, dass die Kinder weiterhin einen Lebensstil wie vor dem Stellenverlust des Vaters oder der Mutter führen.

Den Kindern und Jugendlichen aus solchen Familien sind damit Dinge verwehrt, die für ihre nicht von Armut betroffenen Klassenkamerad:innen selbstverständlich sind. Dies kann Kleidung, technische Geräte und den Besuch von Veranstaltungen, aber auch die Teilnahme an Klassenfahrten und anderen Aktivitäten betreffen. Probleme ergeben sich für Kinder und Jugendliche aus solchen Familien beispielsweise auch, wenn es um einen Schüleraustausch oder um Einladungen von Gleichaltrigen geht. In diesem Fall sind es unter Umständen nicht primär finanzielle Gründe, die im Wege stehen, sondern es kann die Scham der Eltern sein, finanzielle Unterstützung für einen solchen Austausch zu beantragen. Oder den Jugendlichen und ihren Eltern ist es peinlich, dass die Freund:innen bei ihrem Besuch sehen, wie ärmlich die Familie lebt. Mitunter nehmen Kinder und Jugendliche aus Familien, die von Armut betroffen sind, auch Einladungen von anderen nicht an, weil die Eltern sich finanziell nicht in der Lage fühlen, eine Gegeneinladung auszusprechen.

Die Nicht-Teilhabe am sozialen Leben mit den Gleichaltrigen und die Unmöglichkeit, die gleichen Dinge zu besitzen wie ihre Klassenkamerad:innen, sind insbesondere für Jugendliche eine erhebliche Belastung. Gerade in dieser Lebensphase orientieren sie sich stark an ihren Peers, möchten so sein wie sie und das besitzen, über das die anderen auch verfügen. Wenn ihnen dies indes aus finanziellen Gründen versagt ist, erleben sie sich, wie ihre Eltern, von der Teilhabe am sozialen Leben ausgeschlossen und geraten dadurch leicht in eine Situation der Vereinsamung.

Aufgrund ihrer sozial desolaten Situation haben Kinder, die in von Armut betroffenen Familien aufwachsen, oft keine konstruktiven Zukunftserwartungen und neigen wie ihre Eltern zu Resignation und einem hoffnungslosen Lebensgefühl. Zudem leiden sie unter der Benachteiligung, der sie ausgesetzt sind, und unter den Diskriminierungen, die sie im Kreis ihrer Peers erleben, wenn sie in Bezug auf Kleidung und Besitz nicht mit den anderen „mithalten“ können. Hinzu kommen Schamgefühle in Bezug auf ihre Familie. Die Folge ist häufig der Rückzug aus sozialen Kontakten.

Alle diese Faktoren verstärken das Erleben der betreffenden Kinder, Jugendlichen und Erwachsenen, nicht mehr am gesellschaftlichen Leben teilnehmen zu können, keine soziale Bestätigung und Anerkennung zu finden und ausgegrenzt zu sein. Die Folge sind quälende Einsamkeitsgefühle, die das Leiden unter der ohnehin schon so schwierigen Situation geradezu unerträglich machen können.

Da in unserer Gesellschaft das Leben in Armut und das „Eingeständnis", unter Einsamkeitsgefühlen zu leiden, häufig sehr negativ konnotiert sind, kann die Situation für von Armut betroffene Personen besonders belastend werden. Sie sind durch Armut und Einsamkeitsgefühle doppelt stigmatisiert. Dies kann zu einem noch weitergehenden sozialen Rückzug führen. Oft ist damit die Tendenz verbunden, die mit Tabu beladenen Themen Armut und Einsamkeit zu verheimlichen. Der hier wirksam werdende Verheimlichungsstress[85] hat Depressionen, Ängste, Selbstwertzweifel, Scham und Suizidalität zur Folge und belastet dadurch nochmals die Lebenssituation der von Armut betroffenen Menschen.

Krankheit

Dem Thema Krankheit kommt im Zusammenhang mit Einsamkeitsgefühlen insofern eine besondere Bedeutung zu, als körperliche und psychische Erkrankungen zum einen *Ursache* und zum anderen auch *Folge* von Einsamkeit sind. Ich werde in diesem Unterkapitel die Krankheit als Ursache von Einsamkeitsgefühlen behandeln. Krankheit als Folge von Einsamkeitsgefühlen wird anschließend Thema sein.

Selbstverständlich sind nicht bei allen Krankheiten Einsamkeitsgefühle die Folge. Im Gegenteil. Es gibt Erkrankungen, die zu einer Zunahme von Interaktionen führen. Dies gilt beispielsweise für Verletzungen nach Sport- oder Autounfällen und für andere akute Erkrankungen. In diesen Situationen nehmen Familienangehörige und Freund:innen im Allgemeinen regen Anteil am Befinden des/der Kranken und sind bestrebt, dieser Person so viel wie möglich zu helfen.

Oft lässt diese Unterstützung indes nach, wenn die Erkrankung einen chronischen Verlauf nimmt. Das Umfeld gewöhnt sich an den Krankheitszustand der betreffenden Person und die Kontakte zum Kranken verringern sich wieder. Unter Umständen kommt es sogar zu einem weitgehenden Kontaktverlust, weil die Bezugspersonen es als belastend erleben, hilflos der chronischen Erkrankung zusehen zu müssen, das „ewige Klagen" des/der Kranken nicht mehr ertragen und unter dem Eindruck stehen, sie hätten nun alles ihnen Mögliche getan.

Es ist tragisch, dass das Interesse am kranken Menschen oft in dem Moment abnimmt, in dem die Erkrankung einen *chronischen Verlauf* nimmt und keine schnelle Heilung mehr zu erwarten ist. Gerade jetzt wäre die kranke Person aber in ganz besonderem Maße auf Zuwendung und emotionale Unterstützung angewiesen. Oft sind es solche Situationen, in denen sich Einsamkeitsgefühle entwickeln. Dabei ist das Erleben von Einsamkeit allerdings nicht immer ein Gefühl, das durch das Verhalten von Bezugspersonen ausgelöst wird, die sich vom Kranken zurückziehen. Vielfach ist es auch die kranke Person selbst, die sich im Verlauf der Erkrankung aktiv von der Umgebung zurückzieht und in der Folge unter Einsamkeitsgefühlen leidet. Tendenziell ist dies bei psychischen Erkrankungen, die auch heute noch stärker als Stigma erlebt werden, ausgeprägter als bei körperlichen Krankheiten. Letztlich kann es jedoch sowohl bei psychischen als auch bei körperlichen Erkrankungen zu einem sozialen Rückzug der kranken Person kommen.

Der Grund für den Rückzug des kranken Menschen sind häufig *Schamgefühle*, die sich im Verlauf der Erkrankung zunehmend entwickeln, weil die betreffende Person die Krankheit als stigmatisierend erlebt und/oder nicht in der Rolle des „Schwachen" sein möchte, der bedürftig ist und bemitleidet wird.

Da Scham ein zentraler Faktor bei der Entstehung von Einsamkeitsgefühlen ist, sei hier etwas ausführlicher auf diesen Affekt eingegangen. Es ist eines der unangenehmsten Gefühle, das mit der Angst verbunden ist, von anderen Menschen bloßgestellt, verachtet und lächerlich gemacht zu werden. Kennzeichnend für Schamgefühle ist das Erleben der eigenen Unzulänglichkeit. Sie führen zu einer Verletzung des Selbstwerterlebens.

Im Zusammenhang mit dem Thema Einsamkeitsgefühle, die ja letztlich immer aus dem Erleben, vom Kontakt mit anderen Menschen ausgeschlossen zu sein, resultieren, ist ein Hinweis von Brené Brown interessant. In dem Vortrag „Listening to shame"[86] spricht die US-amerikanische Autorin davon, dass Scham die *Angst vor Zugehörigkeitsverlust* beinhalte. In einem ähnlichen Sinn charakterisiert der Psychoanalytiker Leon Wurmser die Scham als das Gefühl, nicht gesehen zu werden, in seiner Individualität unsichtbar zu sein und des Respekts anderer beraubt zu werden.[87]

Auf den Verlust der Kommunikation als Ursache von Schamgefühlen weist auch die Autorin Lea Schneider hin, wenn sie ausführt, dass die Scham ihren Ursprung gerade nicht darin habe, „dass man etwas Verbotenes tut oder ist, sondern im Abreißen der Kommunikation, der Verbindung mit dem Anderen. Sie entsteht in dem Moment, in dem diese Verbindung plötzlich nicht selbstverständlich und die eigene Abhängigkeit dadurch umso entsetzlicher deutlich ist."[88]

Wie diese Beschreibungen des Schamgefühls zeigen, geht es immer darum, dass die betreffende Person vom Kontakt zu anderen, ihr wichtigen Menschen ausgeschlossen ist und diesen Kommunikationsverlust als zentrale Infragestellung der eigenen Person, d. h. als Verletzung ihres Selbstwerterlebens, erfährt. Die Folge ist das Gefühl, auf sich selbst zurückgeworfen zu sein, erfüllt von Einsamkeit.

Scham kann in unterschiedlicher Intensität erlebt werden und reicht von diffuser Peinlichkeit bis zum Erleben, vor Scham „in den Boden versinken" zu wollen. Vegetative Begleiterscheinungen der Scham sind Erröten, Schweißausbrüche, erhöhter Puls und Herzklopfen. Da diese körperlichen Begleiterscheinungen im Allgemeinen für Außenstehende sichtbar sind, führt dies häufig zu einer Eskalation der Schamgefühle. Im Verhalten führt Scham dazu, dass die betreffende Person Blickkontakt vermeidet, sich abwendet und die ihr peinliche Situation so schnell wie möglich zu verlassen trachtet.

Einsamkeitsgefühle, denen Scham zugrunde liegt, entstehen zum einen aus dem Erleben, von der Umgebung nicht mehr als zugehörig betrachtet und von der Kommunikation ausgeschlossen zu werden. Zum anderen distanziert sich die betreffende Person ihrerseits von den Menschen, die als Verursacher der Beschämung empfunden werden, um sich vor den schwer erträglichen Schamgefühlen zu schützen.

Der Rückzug ist in diesem Fall das Mittel, mit dem die kranke Person ihr Leiden zu verheimlichen und sich vor Schamgefühlen zu schützen versucht. Da Scham immer das Selbstwertgefühl beeinträchtigt, dient das Verheimlichen der Krankheit letztlich der Rettung des Selbstwerts.

Wie oben erwähnt, entstehen Schamgefühle und als Folge davon Einsamkeitsgefühle bei Menschen mit körperlichen oder psychischen Erkrankungen vor allem aus zwei Gründen: Zum einen ist es die Scham wegen der als Stigma empfundenen Krankheit und zum anderen die Scham, sich als bedürftig und schwach zu präsentieren.

Auch wenn heute psychische Erkrankungen nicht mehr in dem

Maße vorurteilsbeladen sind wie in den 1950er- und 1960er-Jahren, werden sie vielfach doch noch als Stigma empfunden und deshalb oft verheimlicht. Die nach wie vor bestehende negative Konnotation wird beispielweise immer dann sichtbar, wenn Menschen, die im Blick der Öffentlichkeit stehen, wie Sportler:innen, Politiker:innen oder Führungskräfte in Banken oder Industriebetrieben, quasi ein „Coming-out" als Personen haben, die an einer *Depression* leiden.

In der Art, wie über diese psychische Erkrankung in den Medien berichtet wird, zeigt sich, dass es in unserer Gesellschaft nicht unproblematisch ist, sich als depressiv zu bezeichnen, sondern dass es Mut braucht, sich der Umgebung als unter Depressionen leidender Mensch zu offenbaren. Es ist deshalb nicht verwunderlich, dass viele Menschen, die unter Depressionen leiden, dies weitgehend zu verheimlichen versuchen. Dabei ist zu berücksichtigen, dass die Diagnose „Depression" eine Krankheit ist, die sich gesellschaftlich wesentlich größerer Akzeptanz erfreut als beispielsweise eine Erkrankung aus dem schizophrenen Formenkreis.

Ähnlich ist es mit *Angsterkrankungen*. Da Angst häufig als Zeichen der Schwäche empfunden wird, besteht bei Menschen, die beispielsweise unter Panikattacken oder sozialen Ängsten leiden, oft das starke Bedürfnis, ihre Krankheit – mitunter selbst vor nahen Angehörigen – zu verheimlichen. Sie schämen sich ihrer Ängste, denen sie ausgeliefert sind, und versuchen, dieses Leiden vor ihrer Umgebung zu verstecken und alleine damit fertig zu werden. Dadurch geraten sie leicht in eine Situation, in der ein zentraler Teil ihres Lebens und Erlebens der Kommunikation mit ihnen nahestehenden Menschen entzogen ist und in der sie quälenden Gefühlen der Einsamkeit ausgesetzt sind.

Scham und daraus entstehende Einsamkeitsgefühle können aber auch Menschen mit *körperlichen Erkrankungen* erleben. Dabei sind die Schamgefühle immer dann besonders stark, wenn in der öffentlichen Meinung die Ursache der betreffenden Krankheit als „selbst verschuldet" betrachtet wird.

Nicht wenigen *Rauchern* geht es beispielsweise so, wenn sie die Diagnose eines Lungenkarzinoms erhalten. Unbestreitbar besteht ein enger Zusammenhang zwischen starkem Rauchen und der Entstehung eines Lungenkarzinoms. Es ist jedoch doppelt belastend für diese Patient:innen, wenn sie nicht nur diese Diagnose mit dem

Hinweis auf geringe Heilungschancen erfahren, sondern sich außerdem noch mit dem Vorwurf „selbst verschuldet" konfrontiert sehen – einem Vorwurf, den sie sich wahrscheinlich auch selbst schon machen. Diese Situation versuchen die Kranken mitunter für sich dadurch erträglicher zu gestalten, dass sie, nach der Art ihrer Erkrankung gefragt, ausweichend antworten, sie hätten „Krebs", ohne die Lunge als das betroffene Organ zu nennen. Auch hier ist wie bei den erwähnten psychischen Erkrankungen ein wichtiger Aspekt ihres Lebens der Kommunikation mit anderen Menschen entzogen und lässt sie mit dem Gefühl der Einsamkeit zurück.

In einer ähnlichen Situation erleben sich Menschen, die unter einer *Adipositas* (krankhaftem Übergewicht) leiden. Ihnen wird häufig vorgeworfen, sie seien selbst „schuld" an ihrem Übergewicht. Wenn sie sich nur „etwas zusammennähmen" und beim Essen und Trinken nicht „so gierig" wären, hätten sie dieses Problem nicht – obwohl ein solcher kausaler Zusammenhang längst nicht bei allen Formen der Übergewichtigkeit besteht. Sie seien deshalb für die Folgeschäden ihrer Übergewichtigkeit selbst verantwortlich. Beim Thema Adipositas kommt noch hinzu, dass in unserer Gesellschaft Schlankheit als hohes Ideal gilt und dadurch übergewichtige Menschen auch noch ästhetischer Kritik ausgesetzt sind, was zu erheblichen Verletzungen ihres Selbstwertgefühls führen kann.

Aus diesen Gründen ist für viele adipöse Menschen das Gespräch über ihr Gewicht emotional hoch belastet. Da sich das Übergewicht im Allgemeinen aber trotz geschickter, verhüllender Kleidung nicht verheimlichen lässt, ziehen sie sich häufig von sozialen Kontakten zurück. Dies kann sogar so weit gehen, dass sie Konsultationen bei ihren Hausärzt:innen vermeiden, weil auch diese oft unweigerlich auf das Gewicht zu sprechen kommen und die adipösen Menschen sich nicht selten auch mit der Kritik der Ärzt:innen konfrontiert sehen.

Aus dieser Situation kann sich ein Teufelskreis entwickeln, indem die übergewichtigen Patient:innen zum einen keine ihnen entsprechende Behandlung erhalten und zum anderen der soziale Rückzug sie in die Vereinsamung treibt. Genau dies ist aber wiederum eine für die Adipositas gefährliche Situation, da das Alleinsein mit dem Gefühl des Ausgeschlossenseins die Gefahr in sich birgt, sich durch vermehrtes Essen vor dem Leiden unter dieser Situation vermeintlich zu schützen.

Ganz ausdrücklich sind *HIV-positive und AIDS-kranke Menschen* mit dem Vorwurf „selbst verschuldet" konfrontiert. Nach wie vor besteht in weiten Teilen der Bevölkerung die Ansicht, sie hätten sich die HIV-Infektion „ja selbst geholt" und seien deshalb allein dafür verantwortlich. Dieser Vorwurf wiegt umso schwerer, als Safer-Sex-Praktiken das Risiko einer HIV-Infektion tatsächlich reduzieren. Dabei ist allerdings zu bedenken, dass die Angehörigen der jüngeren Generation das Sterben an AIDS bei Menschen aus ihrem sozialen Umfeld nicht mehr miterlebt haben, weshalb sie, obwohl sie wissen, dass eine HIV-Infektion nicht heilbar ist, in Anbetracht der heutigen medikamentösen Behandlungsmöglichkeiten oft sorgloser im Umgang mit dem Thema AIDS sind. Auch bei der HIV-Infektion sind die betreffenden Personen nicht nur mit der Last dieser Diagnose und den daran sich knüpfenden Konsequenzen konfrontiert, sondern empfinden häufig Schamgefühle, derentwegen sie ihre Krankheit dann selbst gegenüber ihnen nahestehenden Personen verheimlichen.

Es mutet wahrscheinlich merkwürdig an, dass die HIV-Infektion selbst in Kreisen queerer Personen, unter denen sie vermehrt anzutreffen ist, häufig verheimlicht wird. Auch hier besteht die Befürchtung, wegen dieser Erkrankung abgelehnt und ausgegrenzt zu werden. Im queeren Freundeskreis die eigene HIV-Infektion zu erwähnen, bedeutet deshalb, ein zweites Coming-out zu wagen. Bei diesem Verheimlichen spielt die Scham eine große Rolle. Dass es daneben auch soziale Gründe gibt, die Diagnose HIV-positiv anderen Personen nicht mitzuteilen, werde ich weiter unten noch darstellen.

Es sei im Zusammenhang mit Scham- und Einsamkeitsgefühlen noch auf eine Gruppe von Menschen hingewiesen, die sich häufig ihrer Handlungen schämen und deren Angehörige im Allgemeinen auch bestrebt sind, das Verhalten der Kranken zu verheimlichen. Hierbei geht es um Menschen, die versucht haben, sich das Leben zu nehmen. Da es in diesem Fall um eine selbst vollzogene Handlung geht, sehen sich *suizidale Personen* oft der Kritik und dem Vorwurf ausgesetzt, sie hätten sich besser „im Griff" haben sollen und es sei „feige" von ihnen gewesen, sich auf diese Weise der Auseinandersetzung mit Konflikten entziehen zu wollen. Auch wenn sie nach einem missglückten Suizidversuch nicht selten froh sind, gerettet worden zu sein, schämen sie sich vielfach, nicht zuletzt wegen dieser von außen kommenden Kritik, und sprechen ungern über diese Handlung.

Dadurch befinden sich Menschen nach einem Suizidversuch in einer besonders schwierigen Situation. In ihrer Lage wären sie gerade auf eine gute Kommunikation mit ihrer Umgebung angewiesen, um sich konstruktiv mit den Gründen für ihre Verzweiflung, die zum Suizidversuch geführt hat, und mit ihrer Zukunft auseinanderzusetzen. Es ist verhängnisvoll, wenn sie in diesem Moment allein sind und ihnen niemand hilfreich zur Seite steht.

Ähnlich ist es für die *Angehörigen* von Menschen, die einen Suizidversuch unternommen haben oder sogar durch Suizid ums Leben gekommen sind. Auch bei ihnen spielen Schamgefühle oft eine große Rolle, und sie versuchen, die suizidale Handlung ihres Angehörigen möglichst zu verheimlichen. Die Angst vor der Annahme der Umgebung, eine verstorbene Person habe sich selbst das Leben genommen, führt mitunter bei unerwarteten Todesfällen dazu, dass in den Todesanzeigen ausdrücklich die Todesursache wie „Herzinfarkt" oder „tödlicher Unfall" genannt wird, damit nicht die Vermutung aufkommt, die verstorbene Person habe sich das Leben genommen. Daran zeigt sich noch einmal, wie groß die Scham bezüglich suizidaler Handlungen ist.

Wenn Angehörige von Menschen, die sich das Leben genommen haben, den Suizid unter allen Umständen zu verheimlichen versuchen, berauben sie sich der Möglichkeit, über ihre Gefühle zu sprechen, und bringen sich in eine Situation, in der sie den Gefühlen von Einsamkeit oft hilflos ausgeliefert sind. Ähnlich geht es mitunter auch Angehörigen von Menschen mit chronischen körperlichen oder psychischen Erkrankungen. Auch sie vermeiden, je länger die Erkrankung ihres/-r Angehörigen dauert, Gespräche über die Situation der Kranken und ziehen sich aus sozialen Kontakten zurück, weil ihnen Fragen nach den kranken Angehörigen peinlich sind.

In den beschriebenen Situationen von körperlichen und psychischen Erkrankungen kommt es zu einer Verheimlichung der Krankheit und in der Folge zu Einsamkeitsgefühlen. Wie oben bereits erwähnt, führt das Verheimlichen von wichtigen persönlichen Themen zu Verheimlichungsstress[89], der eine erhebliche Belastung für die betreffende Person mit einer Fülle negativer gesundheitlicher Folgen darstellt.

Beim Umgang von Kranken mit ihrem Leiden kommen mitunter auch *Schuldgefühle* hinzu. Schuldgefühle entstehen, wenn eine Person die ihr von außen oder von sich selbst gesetzten Ziele und Erwartungen nicht erfüllt. Es geht dabei um Verstöße gegen bestimmte Normen und Gebote und/oder darum, eine sittliche Pflicht nicht erfüllt zu haben.

Es bestehen zwar gewisse Ähnlichkeiten zwischen Scham- und Schuldgefühlen. Der Unterschied ist jedoch, dass Schuldgefühle die Folge eines Verstoßes gegen eine Norm sind, während Schamgefühle aufgrund einer negativen Bewertung der eigenen Person entstehen. Schamgefühle sind dadurch umfassender und tiefgehender als Schuldgefühle, die sich auf bestimmte Handlungen richten. Beim Umgang von Menschen mit ihren körperlichen und psychischen Erkrankungen kann die Ursache von Schuldgefühlen beispielsweise darin bestehen, dass sie ihr eigenes Ungenügen erleben. Schuldgefühle können sich aber auch aufgrund der reinen Vermutung entwickeln, die Erwartungen der Umgebung nicht zu erfüllen.

Eine recht weitverbreitete *Normvorstellung* besteht darin, dass eine erwachsene Person für sich selbst sorgen können und im Falle von Problemen mit diesen selbst „fertig werden" muss. Gerade länger andauernde, schwere Erkrankungen führen indes häufig zu einem Verlust an Vitalität und der Fähigkeit, das Leben selbstständig zu bewältigen. Dies gilt beispielsweise für schwere Depressionen, die durch einen Verlust von Energie und durch Antriebslosigkeit charakterisiert sind, ebenso wie für schwere körperliche Erkrankungen, aufgrund derer die Widerstandskräfte nachlassen, das Immunsystem geschwächt ist oder bestimmte körperliche Funktionen nicht mehr intakt sind.

Die Folge schwerer psychischer und körperlicher Erkrankungen ist die Unfähigkeit der betreffenden Person, dieser Norm zu entsprechen und ihr Leben selbstständig zu führen. Dies kann ein zum Teil massives Schuldgefühl auslösen.

Um sich selbst nicht vorwerfen zu müssen, dass sie infolge der Erkrankung ihr Leben nicht mehr autonom führen können, und auch um nicht von außen mit solchen Vorwürfen konfrontiert zu werden, geben sich Kranke mitunter enorme, ihre Kräfte übersteigende Mühe, Selbstständigkeit zu demonstrieren, und verheimlichen damit ihre tatsächliche Befindlichkeit. Auf diese Weise haben sie zwar vielleicht ihre Schuldgefühle reduziert und sich vor Vorwürfen von Bezugspersonen geschützt, aber sie setzen sich damit dem Verheimlichungsstress mit seinen negativen Folgen und einer unter Umständen massiven Überforderung aus.

Wie erwähnt, kann es, vor allem bei chronisch verlaufenden Erkrankungen, mit der Zeit zu einer großen *sozialen Distanz* zwischen dem/der Kranken und den Bezugspersonen und als Folge davon zur Entwicklung von Einsamkeitsgefühlen kommen. Da wir Menschen auf soziale Interaktionen und körperlichen Kontakt geradezu existenziell angewiesen sind, ist den Faktoren, die die Teilhabe am sozialen Leben und das Eingebundensein in mitmenschliche Bezüge beeinträchtigen, besondere Beachtung zu schenken. Außer den bereits genannten Ursachen (Scham- und Schuldgefühle) können etwa – je nach Art der Krankheit und des aktuellen Gesundheitszustands durchaus berechtigte – Ängste vor negativen sozialen Konsequenzen dazu führen, dass die Erkrankung verheimlicht wird. So kann bei der erkrankten Person die Befürchtung bestehen, beim Bekanntwerden ihres Leidens und infolge lang andauernder Krankschreibungen mit einer *Kündigung ihrer Arbeitsstelle* rechnen zu müssen, was häufig erhebliche finanzielle Probleme nach sich zieht (vgl. das Unterkapitel „Armut"). Dies erleben oft Menschen mit chronischen körperlichen oder psychischen Erkrankungen, welche immer wieder zu Unterbrechung ihrer beruflichen Tätigkeit oder zu langen Krankschreibungen führen, die schließlich in eine dauerhafte Erwerbslosigkeit münden. Die Angst davor, einen sozialen Abstieg zu erleiden, und dann die Erfahrung, dass diese Befürchtung Realität wird, sind in dieser Situation weitere Ursachen für die Entstehung von Einsamkeitsgefühlen (vgl. das Kapitel „Sozialer Abstieg" in Teil 2 dieses Buches).

Die Krankheit wird mitunter auch verheimlicht, um *nicht Opfer sozialer Ausgrenzungen* zu werden, eine Situation, die beispielsweise HIV-positive Personen auch heute noch immer wieder erleben. Sie vermeiden deshalb häufig jegliche Erwähnung ihrer gesundheitlichen Situation und sind beispielsweise bei der Stellensuche darauf bedacht, beim Stellenantritt nicht zu einer ärztlichen Untersuchung mit einhergehender Offenlegung ihrer bisherigen Behandlungen verpflichtet zu sein.

Über die eigene Erkrankung zu schweigen, kann ferner aus *Rücksicht auf nahestehende Menschen* erfolgen. Gerade im Fall lebensbedrohender Erkrankungen (beispielsweise bei Karzinomen) oder in Anfangsstadien chronischer Erkrankungen wie Multiple Sklerose, wenn die Umgebung die Symptome noch nicht wahrnimmt, möchte die kranke Person ihre Bezugspersonen mitunter schützen und behält deshalb das Geheimnis ihrer Erkrankung für sich, was sie einsam macht, weil sie ihre Not nicht mit einem nahen Menschen teilen kann.

Schweigen kann sich auch dann über das Thema der eigenen Krankheit legen, wenn die erkrankte Person immer wieder erlebt, dass ihre Bezugspersonen gereizt oder ungeduldig auf die Erwähnung der Krankheitssymptome oder auf bestimmte krankheitsbedingte Verhaltensweisen reagieren. Dies betrifft vor allem die Situation chronischer Krankheitsverläufe, bei denen Angehörige mit der Zeit erschöpft sind und auf die Erwähnung der Erkrankung ungehalten reagieren.

Derartige Reaktionen der Bezugspersonen finden wir mitunter auch gegenüber Menschen mit *Hirnverletzungen* und *Demenzerkrankungen*. Der tägliche Umgang mit ihnen und ihre Pflege stellen hohe Anforderungen an die Angehörigen und konfrontieren sie permanent mit einer Situation, der sie mehr oder weniger hilflos gegenüberstehen. Hinzu kommen bei hirnverletzten Personen mitunter eine gewisse Distanzlosigkeit und andere sozial auffällige Verhaltensweisen, die Angehörigen in der Öffentlichkeit peinlich sind. Im Fall von Alzheimererkrankungen ist es für die Bezugspersonen häufig emotional sehr belastend, dass sich die ihnen nahestehende Person durch die progressiv fortschreitende Demenz immer weiter von ihnen entfernt und schließlich zumindest kognitiv nicht mehr erreichbar ist.

Der Verheimlichungsstress bei Krankheiten hat indes nicht nur Depressionen, Ängste und verschiedene körperliche Symptome zur Folge, sondern führt selbst auch zu einer sozialen Distanzierung. Über ein so wichtiges Thema wie die eigene Krankheit nicht offen sprechen zu können, bringt erhebliche Belastungen mit sich und lässt Gefühle der Einsamkeit entstehen.

Körperliche und psychische Erkrankungen führen häufig zu einer *verminderten Belastbarkeit*, die die Teilhabe an sozialen Aktivitäten erschwert, mitunter sogar total verunmöglicht. Der dadurch bedingte Verlust an Freizeitbeschäftigungen und Kontakten stellt eine erhebliche Beeinträchtigung im Leben gerade von chronisch Kranken dar. Die Folge sind häufig Depressionen, ein Verlust an

Selbstwertgefühlen und ein noch weiterer sozialer Rückzug, was die Einsamkeitsgefühle zusätzlich verstärkt.

Die eingangs erwähnte enge Wechselbeziehung zwischen Krankheit und Einsamkeitsgefühlen, die sowohl Ursache als auch Folge sein können, zeigt sich besonders deutlich an der mit schweren Erkrankungen verbundenen *reduzierten Aktivität.* Sie ist zum einen Folge der körperlichen oder psychischen Erkrankung und verunmöglicht der kranken Person die Teilhabe an den verschiedensten sozialen Aktivitäten, die dem Gefühl der Vereinsamung entgegenwirken könnten. Zum anderen birgt Inaktivität mit dem dadurch bedingten sozialen Rückzug und den dadurch entstehenden Einsamkeitsgefühlen aber auch ein erhöhtes Risiko für gesundheitsschädigende Verhaltensweisen wie Rauchen, ungesunde Ernährung, gestörter Schlaf-Wach-Rhythmus und erhöhter Alkoholkonsum in sich.

Schwere körperliche und psychische Erkrankungen, vor allem lebensbedrohende Krankheiten, konfrontieren stets auch mit der eigenen *Endlichkeit.* Nicht alle Menschen sind bereit und in der Lage, über die Themen Sterben und Tod mit den ihnen nahe Stehenden zu sprechen. Auch Angehörigen sind solche Gespräche mitunter nicht möglich. So kann es gerade in dieser existenziellen Grenzsituation zu einer weitgehenden Vereinsamung der Kranken, aber auch der gesunden Bezugspersonen kommen. In diesem Fall stellt die lebensbedrohende Erkrankung eine schwer oder unter Umständen gar nicht überwindbare Barriere dar und löst bei den Angehörigen wie bei den Kranken Einsamkeitsgefühle aus (vgl. das Unterkapitel „Tod und Einsamkeit").

Behinderung

Menschen mit Behinderung befinden sich in einer besonderen Situation. Es geht für sie und ihre Angehörigen nicht um eine Krankheit, bei der sie davon ausgehen können, dass sie sich vielleicht heilen lässt. Sie sind vielmehr mit einem Zustand konfrontiert, der von Geburt an oder aufgrund von Alter besteht, infolge eines Unfalls oder einer Erkrankung entstanden ist und sich nicht mehr ändern wird. Es lassen sich verschiedene Behinderungsformen[90] unterscheiden: körperliche Behinderung, Sinnesbehinderung, Sprachbehinderung, psychische Behinderung, Lernbehinderung und geistige Behinderung. Sie betreffen Menschen, „die langfristige körperliche, seelische, geistige oder Sinnesbeeinträchtigungen haben, welche sie in Wechselwirkung mit verschiedenen Barrieren an der vollen, wirksamen und gleichberechtigten Teilhabe an der Gesellschaft hindern können.“[91]

Hinsichtlich der verwendeten Terminologie gibt es immer wieder kontroverse Diskussionen, da der deutsche Begriff „Behinderung“ als diskriminierend empfunden worden ist. Eine gewisse Einigkeit herrscht heute darüber, die Formulierungen „ein Behinderter“ oder „ein behinderter Mensch“ durch die Formulierung „ein Mensch mit Behinderung“ zu ersetzen. Für die Gruppe von Menschen mit „geistiger Behinderung“ ist die Bezeichnung „kognitive Beeinträchtigung“ vorgeschlagen worden, hat sich aber im alltäglichen Sprachgebrauch nicht durchgesetzt. Weitgehende Einigkeit hingegen besteht hinsichtlich der Ersetzung von „behindertengerecht“ durch den Begriff „barrierefrei“. Der Diskurs über die sprachlichen Formulierungen zeigt, dass es gemäß dem Übereinkommen über die Rechte von Menschen mit Behinderungen (UN-Behindertenrechtskonvention, BRK)[92] aus dem Jahr 2008 wichtig ist, den Menschen mit Behinderung die Gleichstellung in der Gesellschaft und die Gewährleistung der Menschenrechte zu garantieren und sie vor Diskriminierung zu schützen.

Die Zahl der Menschen mit Behinderung ist keineswegs klein. Sie stellen mit ca. 10 % der Weltbevölkerung eine große Gruppe dar und bilden das ärmste Fünftel der Weltbevölkerung. Allein in Deutschland wurden zum Jahresende 2019 statistisch 7,9 Millionen Menschen mit Schwerbehinderung erfasst, was 9,5 % der deutschen Gesamtbevölkerung entspricht.[93] In diesen statistischen Angaben sind allerdings nur Personen mit einer Schwerbehinderung und Schwerbehindertenausweis erfasst. Einen solchen Ausweis beantragen jedoch längst nicht alle Personen mit Schwerbehinderung. Die tatsächliche Zahl von Menschen mit Behinderungen liegt deshalb auf jeden Fall höher.

Wie die oben genannte Definition zeigt, sind Menschen mit Behinderung dauerhaft und gravierend in der gesellschaftlichen und wirtschaftlichen Teilhabe beeinträchtigt. Das heißt, sie befinden sich, wie die anderen in diesem Kapitel geschilderten Menschen, in einer Situation des Ausgeschlossenseins und erleben

Gefühle der Einsamkeit. Diese Gefühle können dadurch noch belastender werden, dass Menschen mit Behinderung wissen, dass es sich bei ihnen um einen dauerhaften Zustand handelt und dass keine Möglichkeit einer „Heilung" wie bei den im vorherigen Unterkapitel diskutierten Krankheiten besteht.

Welche Bedeutung Behinderungen für das Thema der Einsamkeit haben, sei an einigen Beispielen veranschaulicht.

Die *Dysarthrie*[94] ist eine oft durch einen Schlaganfall, eine Hirnblutung oder ein Schädel-Hirn-Trauma ausgelöste *Sprechstörung*, die sich durch eine „undeutliche" (abgehackte, stakkatoartige, gehauchte, unpräzise) Sprache auszeichnet und dadurch zu einer schlechten Verständlichkeit führt. Eine Person mit Dysarthrie kann zwar sprechen, ist aber wegen Muskelschwäche oder Lähmungen nicht in der Lage, verständlich zu artikulieren, und ist deshalb schwer zu verstehen.

Die ebenfalls oft auf einen Schlaganfall oder eine Hirnblutung zurückgehende *Aphasie*[95] hingegen ist eine *Sprachstörung* mit Störungen in der Wortbildung oder im Wortverständnis sowie mit der Unfähigkeit, Objekte zu benennen. Obwohl beide Formen der Behinderung die Kommunikation der betreffenden Menschen erheblich beeinträchtigen, stellt die Unfähigkeit einer Person mit einer Aphasie, sich überhaupt sprachlich auszudrücken, eine schwerere Kommunikationsstörung dar und löst im Allgemeinen stärkere Gefühle der Einsamkeit aus.

In einer nochmals anderen Situation befinden sich Menschen mit einer *körperlichen Behinderung* wie *Rollstuhlfahrer:innen*. Je nach Art und Schweregrad der zugrunde liegenden Behinderung sind sie mehr oder weniger auf Hilfe von Dritten angewiesen. In jedem Fall aber ist das Angewiesensein auf den Rollstuhl eine erhebliche Beeinträchtigung, die auch einen starken Einfluss auf ihr soziales Leben hat. Im Bewegungsradius eingeschränkt zu sein, bestimmte Verkehrsmittel nicht benutzen zu können, durch Treppen und andere baulichen Gegebenheiten keinen Zugang zu Orten zu haben, die für Fußgänger kein Problem darstellen, schränkt das soziale Leben von Rollstuhlfahrer:innen erheblich ein und hat Einsamkeitsgefühle zur Folge.

In Deutschland vertreten verschiedene lokale Rollstuhl-Vereine, der Deutsche Rollstuhl-Sportverband e. V. (DRS)[96] und der Bundesverband für körper- und mehrfachbehinderte Menschen e. V.[97] die Interessen von Rollstuhlfahrer:innen. In der Schweiz ist die Schweizer Paraplegiker-Vereinigung (SPV) mit ca. 10 000 Mitgliedern nationaler Dachverband und zugleich Selbsthilfeorganisation der Rollstuhlfahrer Schweiz.[98] Obwohl heute die Situation von Rollstuhlfahrer:innen bei Bauvorhaben und in der Öffentlichkeit stärker berücksichtigt wird, haben sie immer noch mit Problemen zu kämpfen, wenn es um die Möglichkeit von ungehinderter Bewegung in der Öffentlichkeit und um die Nutzung von Verkehrsmitteln geht. Immer wieder sind sie dabei mit ihrer Behinderung konfrontiert. Nicht selten werden Rollstuhlfahrer:innen, wie auch andere Menschen mit Behinderung, Opfer von Diskriminierungen, Anfeindungen und Gewalt.[99]

Andere körperliche Behinderungen liegen im Fall von *Zerebralparesen* mit starken motorischen (z. B. spastischen oder dyskinetischen) Einschränkungen oder bei *Querschnittslähmungen* vor.

Ich selbst habe Menschen mit derartigen schweren Behinderungen vor vielen Jahren während meiner Tätigkeit in der Kinder- und Jugendpsychiatrie erlebt. Es waren zumeist Kinder und Jugendliche mit Mehrfachbehinderungen motorischer und geistiger Art.

Mit Personen mit motorischen Behinderungen habe ich seit einigen Jahren auch im Rahmen einer ehrenamtlichen Zusammenarbeit mit der Organisation „Handicap International (HI)I"[100] zu tun. Handicap International ist eine gemeinnützige Organisation für Entwicklungszusammenarbeit und Nothilfe, die in rund 60 Ländern aktiv ist. HI unterstützt weltweit Menschen mit Behinderung und setzt sich für eine solidarische und inklusive Welt ein. Ziel ist, langfristig die Lebensbedingungen für Menschen mit Behinderung zu verbessern und diejenigen von ihnen zu unterstützen, die besonderen Schutz benötigen.

In Zoom-Konferenzen besprechen wir in einer Gruppe von Flüchtlingen, die selbst unter einer Behinderung leiden oder ein Kind mit Behinderung haben, wie sie emotional und sozial mit ihrer schwierigen, in doppelter Hinsicht belastenden Situation (Flüchtlinge und Menschen mit Behinderung zu sein, „Intersektionalität") umgehen können, wo und wie sie die nötige Hilfe finden und wie sie andere Flüchtlinge mit Behinderung unterstützen können. Zu der doppelten Belastung, Flüchtling und Mensch mit einer Behinderung zu sein, kommen als weitere Belastungen häufig Diskriminierung (z. B. abfällige Bemerkungen über ihre Behinderung in der Öffentlichkeit) und ein erschwerter Zugang zu adäquater Unterstützung hinzu. Eine weitere Belastung, die zu Einsamkeitsgefühlen führen kann, ergibt sich für die Mütter von Kindern mit einer Behinderung dadurch, dass sie in dieser schwierigen Situation nicht selten vom Vater des Kindes verlassen worden sind.

Die Probleme, mit denen Flüchtlinge mit Behinderung konfrontiert sind, habe ich zudem im Herbst 2021 bei meinem Besuch in Flüchtlingscamps im Nord-Irak (Kurdistan) erlebt. Diese Fragen spielen vielfach auch in den Supervisionen, die ich seitdem mit den vor Ort tätigen Psycholog:innen durchführe, eine Rolle. Ich werde im Kapitel „Migration" noch ausführlicher darauf eingehen.

Die *geistige (oder kognitive) Behinderung* ist „eine organisch begründbare Funktionsstörung des Gehirns oder primär noch nicht begründbare Störungen der Hirnfunktion. Sie kann angeboren oder im Laufe des Lebens durch ein plötzliches Ereignis eintreten, wie zum Beispiel ein Unfall oder eine Krankheit."[101] Im ICD-10-GM-2023 wurde der Begriff „geistige Behinderung" inzwischen gegen den der „Intelligenzstörung" ausgetauscht, worunter man einen „Zustand von verzögerter oder unvollständiger Entwicklung der geistigen Fähigkeiten"[102] versteht Unter Menschen mit geistiger Behinderung finden sich Personen, die mit einer gewissen Unterstützung ihr Leben weitgehend selbst organisieren können, und andere, für die es aufgrund ihrer schweren Behinderung nicht möglich ist, ein eigenständiges Leben zu führen, und die auf permanente Unterstützung von außen angewiesen sind. Viele dieser Menschen mit schwerer und zum Teil mehrfacher Behinderung leben, insbesondere wenn die Eltern oder andere sie betreuende Bezugspersonen aus Altersgründen nicht mehr für sie sorgen können, in speziell auf ihre Bedürfnisse ausgerichteten Institutionen.

Menschen mit geistiger Behinderung treffen überall in unserer Gesellschaft auf Barrieren, die ihnen immer wieder und oft schmerzlich vor Augen führen, dass sie von der Teilhabe am sozialen und kulturellen Leben in vielfacher Weise ausgeschlossen sind. Es hat sich zwar im Verlauf der Zeit vieles für sie zum Positiven verändert. So gilt im schulischen Bereich das Prinzip weitgehender Inklusion von Kindern und Jugendlichen mit geistigen Behinderungen, und Vereinigungen wie die „Bundesvereinigung Lebenshilfe"[103] setzen sich für das Recht auf Bildung entsprechend den Möglichkeiten von Menschen mit geistiger Behinderung ein. Lange Zeit war das Thema „Geistige Behinderung und Sexualität" ein Tabuthema und Menschen mit einer geistigen Behinderung wurde das Recht abgesprochen, Sexualität zu leben. Dies hat sich zwar in den vergangenen Jahren geändert. Aber wirklich gleiche Rechte haben Menschen mit einer geistigen Behinderung noch nicht. Sie spüren nach wie vor in unserer Gesellschaft, dass sie von vielem ausgeschlossen sind, und nehmen deshalb ihre Einsamkeit oft in quälender Weise wahr.

Migration

Warum nehme ich das Thema „Migration" in dieses Buch auf, in dem es um Einsamkeit geht? Man könnte einwenden, dass die Migration doch ein politisches und soziales Problem darstellt und kein direkter Zusammenhang mit Einsamkeitsgefühlen, wie ich sie bisher beschrieben habe, bestehe. Dennoch habe ich mich – nicht zuletzt aufgrund eigener Erfahrungen in der Begleitung von Flüchtlingen und durch den Besuch von Flüchtlingscamps im Nord-Irak – entschlossen, dieses Thema zu behandeln, da viele von den Menschen, die ihre Heimatländer aufgrund von Hunger, Krankheit und Verfolgung haben verlassen müssen, unter quälenden Einsamkeitsgefühlen leiden.

Flüchtlinge weltweit und in Europa

Gemäß der UNO-Flüchtlingshilfe waren Ende 2022 weltweit 108,4 Millionen gewaltsam vertriebene Menschen auf der Flucht.[104] Mehr als die Hälfte dieser Menschen kommen aus nur sechs Ländern: Syrien, Afghanistan, Demokratische Republik Kongo, Venezuela und Kolumbien.[105] Herkunftsländer sind vor allem Syrien, Afghanistan und der Südsudan. Die Flüchtlinge aus diesen drei Ländern machen mehr als die Hälfte der weltweiten Flüchtlinge aus. Ein Großteil der Vertriebenen sind Binnenflüchtlinge.

Die Zahl der Asylanträge in der EU (zusammen mit der Schweiz und Norwegen) lag im Jahr 2021 bei 996 000 Gesuchen und war damit ähnlich hoch wie in den Jahren 2015 (1,3 Millionen) und 2016 (1,2 Millionen). Die Zahl der in den verschiedenen europäischen Ländern gestellten Asylanträge differiert. Die meisten Anträge wurden in den folgenden Ländern eingereicht: Deutschland (190 500), Frankreich (120 600), Spanien (65 300), Italien (53 600), Österreich (39 900) und Schweiz (24 500). Die fünf größten Aufnahmeländer sind die Türkei, Uganda, Pakistan, Deutschland und der Sudan.

Der Asylbericht 2022 der European Union Agency for Asylum (EUAA) weist darauf hin, dass 70 % der Flüchtlinge männlich sind, 31 % von ihnen haben einen positiven Asylbescheid erhalten, während von den 30 % weiblichen Asylsuchenden 41 % Asyl gewährt wurde. In den letzten Jahren hat vor allem die Zahl von unbegleiteten Minderjährigen zugenommen. 2021 waren vier von 100 Antragsteller:innen Kinder ohne Eltern, zwei Drittel von ihnen waren zwischen 16 und 17 Jahren alt.[106]

Was sagen uns diese Zahlen? Zum einen weisen sie darauf hin, dass es in der Gegenwart eine erschreckend große Zahl von Menschen gibt, die sich auf der Flucht, d. h. in extremen Notsituationen, befinden. Zum anderen besagen sie, dass es weltweit vor allem drei Länder sind, aus denen die Flüchtlinge kommen (Syrien, Afghanistan und Südsudan) und dass diese Menschen in erster Linie in außereuropäischen Ländern Aufnahme finden. Und drittens zeigen sie, dass sich unter den Flüchtlingen eine relativ große Zahl von Kindern und Jugendlichen befindet, die als unbegleitete Minderjährige in unsere Länder kommen.

Einsamkeitsgefühle bei Flüchtlingen

Es ist hinreichend belegt, dass das Verlassen des Heimatlandes, in dem verschiedene Formen von Gewalt erlebt worden sind, die zumeist mit großen Gefahren verbundene Flucht und das oft schwierige Leben im Asylland erhebliche Belastungen für die asylsuchenden Menschen mit sich bringen.[107] Rund drei Viertel der Asylsuchenden haben unterschiedliche Formen von Gewalt erfahren und sind oft mehrfach traumatisiert.[108] Expert:innen gehen davon aus, dass von den Asylsuchenden 50 % bis 60 % traumatisiert sind.

Es liegt nahe anzunehmen, dass in diesem Kontext auch Einsamkeitsgefühle eine zentrale Rolle spielen. Eine Schweizer Statistik über Einsamkeitsgefühle im Verhältnis zum Migrationsstatus[109] bestätigt diese Annahme: In der ersten Generation von Bewohner:innen mit Migrationshintergrund berichten 46 % von Einsamkeitsgefühlen, in der zweiten Generation sind es immer noch 42 %. Es gibt vielfältige Gründe für die Entstehung von Einsamkeitsgefühlen bei Menschen, die ihre Heimatländer verlassen mussten bzw. aus ihnen vertrieben worden sind und in unseren Ländern Schutz suchen.

Ein erster Grund ist der *Verlust der Heimat.* Das Leben in einer kulturell und sprachlich vertrauten Umgebung verschafft Sicherheit und ist gekennzeichnet durch das Gefühl, dazuzugehören. Wenn eine Person jedoch im Heimatland Gewalt erlebt und fliehen muss bzw. vertrieben wird, zerbricht dieses Gefühl der Geborgenheit und führt zu Angst, Depressionen, Schlafstörungen, Erschöpfungszuständen, sozialem Rückzug und zu den verschiedensten körperlichen Störungen, was diagnostisch auch als „Posttraumatische Belastungsstörung" bezeichnet wird. Die Flüchtlinge sind durch die Flucht aus dem ihnen bisher Sicherheit gebenden sozialen Kontext herausgerissen, verlassen ihren vertrauten familiären Bezugskreis und begeben sich in eine ungewisse Zukunft.

Zumeist kommen die Flüchtlinge, wie eingangs in diesem Unterkapitel dargestellt, aus Kulturen, in denen der familiäre Kontext für ihr Selbstwertgefühl und ihre soziale Integration eine große Rolle spielt. Für sie ist deshalb das Abbrechen der familiären Beziehungen durch die Flucht noch wesentlich schwerer erträglich als für Menschen aus westlichen Kulturen und wirft sie total auf sich selbst zurück.

Diese Situation ist auch für Flüchtlinge, die von Schleppern in Gruppen über die Grenzen verschiedener, auf der Flucht zu durchquerender Länder geführt werden, immer eine Situation extremer Einsamkeit.[110] Jede und jeder muss in erster Linie für sich selbst und das eigene Überleben sorgen und kann sich oft nur in geringem Maße auf die Unterstützung anderer verlassen. Dazu kommen auf der Flucht Sorgen um die zurückgelassenen Angehörigen, Schuldgefühle, sie im Heimatland zurückgelassen zu haben, Ängste im Hinblick auf eine völlig unsichere Zukunft und oft auch erneute Traumatisierungen und Gewalterfahrungen auf der Flucht.

Ich denke in diesem Zusammenhang an die Flüchtlinge, die in völlig seeuntüchtigen, überladenen Booten unter Lebensgefahr das Mittelmeer und den Atlantik überqueren, ebenso wie an die Menschen, denen durch die sogenannten „Flüchtlings-Deals" (der EU mit der Türkei; Italiens mit Libyen; Spaniens mit Marokko; und die aktuellen Pläne einiger EU-Staaten, Flüchtlingscamps in

Drittstaaten zu betreiben und dort die Asylanträge bearbeiten zu lassen) die Flucht nach Europa verunmöglicht wird. Großer Gefahr und erneuten Traumatisierungen sind auch diejenigen Flüchtlinge ausgesetzt, die auf der Balkanroute mit Gewalt am Grenzübertritt gehindert werden.

Eine sie traumatisierende Situation stellt für viele Flüchtlinge auch das „Racial Profiling" dar. Es ist die Tatsache, dass in unseren Ländern bestimmte Personen, die als ethnisch-kulturell und vor allem wegen ihrer Hautfarbe als „fremd" wahrgenommen werden, von der Polizei willkürlich und unverhältnismäßig behandelt werden, z. B. bei Ausweis- und Zollkontrollen. Racial Profiling ist eine Form des strukturellen Rassismus und hat verhängnisvolle Folgen für die davon betroffenen Personen.[111]

Auch der Aufenthalt in den Flüchtlingscamps und Asylunterkünften in Europa ist häufig Ursache erneuter Traumatisierungen, da hier auf engstem Raum Menschen unterschiedlichster Herkunft unter zumeist desolaten Bedingungen zusammenleben.

Die Bewohner der Camps leben zudem getrennt, isoliert von den Bewohnern des Gastlandes, und erleben, dass sie keine gleichwertigen Mitglieder der Gesellschaft und letztlich unerwünscht sind. Die Folge sind Einsamkeitsgefühle, die aufgrund der früher erlittenen Traumatisierungen existenzielle Krisen auslösen können. Immerhin werden die in offiziellen Camps lebenden Flüchtlinge durch Hilfe von außen unterstützt. Insofern sind sie immer noch besser versorgt als die recht große Zahl von Flüchtlingen, die in selbst gebauten Lagern und in den Städten in Bauruinen und leerstehenden Gebäuden Schutz suchen.

Im Rahmen der Begutachtung von Personen, deren Asylantrag abgelehnt worden ist, und bei der Begleitung von Flüchtlingen höre ich immer wieder von den erschütternden Erfahrungen beim Verlassen des Heimatlands, auf der Flucht und beim Leben im Gastland. Neben Depressionen, Ängsten, körperlichen Beschwerden und diversen sozialen Problemen spielen Gefühle des Ausgeschlossenseins, des Verletztseins durch Diskriminierung und das Leiden unter dem Leben in der Fremde eine zentrale Rolle. Oft berichten die Flüchtlinge in diesem Zusammenhang von quälenden Einsamkeitsgefühlen.

Das Fremdheitsgefühl hat verschiedene Ursachen: Die Flüchtlinge verstehen und sprechen unsere Sprache nicht, unsere Kultur und unsere Verhaltensweisen sind ihnen fremd, sie fühlen sich verloren und hilflos im Umgang mit unseren Behörden, was sich besonders verhängnisvoll bei den Gesprächen mit den Vertreter:innen der Asylbehörden im Rahmen von Anhörungen auswirkt. Die Flüchtlinge spüren, dass ihre individuelle Lebenssituation oft nicht beachtet wird, und ihnen fehlt der Rückhalt, den sie im Heimatland durch Familie und Freund:innen gehabt haben. Umgekehrt sprechen wir ihre Sprache nicht, kennen zumeist, wenn überhaupt, höchstens rudimentär ihren kulturellen Hintergrund und können uns oft nicht vorstellen, wie es ist, in einer völlig fremden Umgebung zu leben, die keinen Zugang zu den Betreffenden hat und ihnen wenig Sympathie entgegenbringt.

Selbst in länger dauernden intensiven Therapien ist es schwierig, die Folgen schwerer Traumatisierungen zu bearbeiten. Dabei müssen wir uns darüber klar sein, dass bei tiefgehenden Traumatisierungen aufgrund von Verfolgung, Flucht und anderen Gewalterfahrungen eine wirkliche „Heilung" nicht möglich ist. Es ist schon sehr viel erreicht, wenn die betreffenden Patient:innen sich emotional stabilisieren können, positive Zukunftsperspektiven zu entwickeln vermögen, in Beziehungen zu anderen Menschen wieder Vertrauen aufbauen können und nicht mehr in dem Ausmaß wie zu Beginn der Therapie von Ängsten, Albträumen, Depressionen, Flashbacks und körperlichen Beschwerden geplagt werden.

Im Herbst 2021 habe ich in Kurdistan, im Nord-Irak, Flüchtlingscamps besucht und habe mit den dort arbeitenden, aus dem Irak stammenden Psychotherapeut:innen gesprochen. Ich hatte erfahren, dass diese in den Camps arbeitenden Kolleg:innen nach ihrer Ausbildung keine Supervisionsmöglichkeiten mehr haben, und hatte mich deshalb entschlossen, ihnen ehrenamtlich Supervisionen anzubieten. Um darauf möglichst gut vorbereitet zu sein, erschien mir ein Besuch der Flüchtlingscamps und ein persönliches Kennenlernen der Therapeut:innen unbedingt notwendig. In den seither regelmäßig per Zoom und Skype stattfindenden Supervisionen merke ich, dass diese persönliche Erfahrung außerordentlich wichtig war.

Das Besondere an der Situation in den Flüchtlingscamps, die ich besucht habe, ist, dass die Therapeut:innen denselben kulturellen Hintergrund wie die Flüchtlinge haben und dieselbe Sprache sprechen. Mir war von Anfang an klar, dass dies ein enormer Vorteil gegenüber unserer Situation ist. Zudem sind die in den Camps in der Nähe von Dohuk lebenden Menschen Binnenflüchtlinge (aus dem Nord-Irak, aus Syrien und der Türkei), die nicht noch durch eine weitere Flucht nach Europa und durch die Schwierigkeiten der Integration in eine ihnen fremde europäische Gesellschaft zusätzlich traumatisiert sind.

Die Therapeut:innen verstehen als Angehörige der gleichen Kultur die Lebenssituation der Flüchtlinge und können sich mit ihnen in der Muttersprache verständigen. In unseren Supervisionsgesprächen können sie mir kulturelle Besonderheiten erklären, die ich nicht verstehen und missdeuten würde. Ich kenne die von ihnen angewendeten Therapiemethoden und kann ihnen dabei behilflich sein, sie an ihren kulturellen Kontext und an die Situation der Flüchtlinge anzupassen. Daraus resultiert für beide Seiten ein großer Gewinn.

Zur Entwicklung von Einsamkeitsgefühlen kommt es nicht zuletzt auch dadurch, dass Flüchtlinge durch ihre oft geringe Vertrautheit mit den Strukturen unserer Länder die Zugangswege zu Institutionen, bei denen sie sich Hilfe holen könnten, nicht kennen oder sich nicht trauen, diese Angebote zu nutzen. Wesentlich häufiger als bei der einheimischen Bevölkerung bestehen bei Menschen mit Migrationshintergrund erhebliche Informationsdefizite[112] auch bezüglich medizinischer Behandlungsmöglichkeiten, sodass sie beispielsweise bei psychischen und körperlichen Problemen, die ihrer Migrationssituation geschuldet sind, nicht frühzeitig fachliche Hilfe finden, wodurch die gesundheitlichen Probleme chronifizieren.[113]

Eine im Hinblick auf Einsamkeitsgefühle besonders gefährdete Gruppe ist die der *unbegleiteten minderjährigen Flüchtlinge (UMF)*. Es ist eine keineswegs kleine Zahl von Jugendlichen, die nach einer schwierigen Flucht, bei der sie völlig auf sich selbst gestellt sind und die sie ohne Eltern oder irgendwelche ihnen vertrauten Bezugspersonen bewältigen müssen, in unsere Länder einreisen. Sie leben bei uns im Allgemeinen in Einrichtungen der Jugendhilfe. Auch im Gastland sind sie Ausgrenzungen, Vorbehalten und Nicht-Beachtung ihrer individuellen Lebenssituation ausgesetzt.[114]

Auch wenn die unbegleiteten minderjährigen Flüchtlinge oft eine erstaunliche Anpassungsfähigkeit an die ihnen völlig fremde Situation im Asylland (bezüglich Sprache, Kultur, Lebensformen usw.) erkennen lassen, sind sie in der Lebensphase, in der sie die Flucht angetreten und durchlaufen haben, besonders vulnerabel. Die Flucht aus dem Heimatland hat sie mit Situationen konfrontiert, die ihrem Alter und Entwicklungsstand absolut nicht entsprochen haben, und hat vielfach Traumatisierungen hinterlassen. Zudem haben diese Jugendlichen durch die Flucht eine für ihre Entwicklung eminent wichtige Phase nicht in angemessener Weise leben können.

Es ist ein besonderes Merkmal dieser Gruppe von Flüchtlingen, dass ein recht hoher Anteil von ihnen zu den Personen gehört, die „untertauchen“ und als vermisst gemeldet werden. Im Rahmen der großen Flüchtlingswelle in den Jahren 2015/2016 waren es zeitweise knapp 10 000 unbegleitete minderjährige Flüchtlinge, die vermisst wurden.[115] Diese Zahl ist zwar in den vergangenen Jahren geringer geworden. Aber immer noch waren es im Jahr 2021 ca. 2000 Jugendliche. Die häufigste Ursache für das Verschwinden ist das freiwillige Verlassen der zugewiesenen Unterkünfte, um beispielsweise Familienangehörige oder Be-kannte im Ausland aufzusuchen. Bei einem Teil der Jugendlichen vermutet man als Ursache des Verschwindens auch eine Rückreise ins Herkunftsland.

Indem diese Jugendlichen sich aus den Einrichtungen, in denen sie untergebracht sind, entfernen, begeben sie sich erneut auf eine Flucht – und wieder sind sie in der Regel alleine. Die in den Einrichtungen der Jugendhilfe arbeitenden Fachleute weisen darauf hin, dass die unbegleiteten minderjährigen Flüchtlinge besonders gefährdet sind, ausgenutzt, sexuell missbraucht und zu kriminellen Taten angestiftet zu werden.[116] Dass die Ursache für das Untertauchen oft die Suche nach Angehörigen in anderen Ländern ist, zeigt, wie einsam sie sich fühlen und wie stark deshalb ihr Wunsch ist, endlich wieder ihnen vertraute Menschen um sich zu haben und von ihnen Schutz und Unterstützung zu bekommen.

4. Zwischenmenschliche Ursachen

Neben den bisher behandelten individuellen Ursachen von Einsamkeitsgefühlen gibt es eine andere Gruppe von Ursachen, denen zwischenmenschliche Probleme zugrunde liegen. Trotz aller Verschiedenheit geht es bei ihnen allen letztlich um den Verlust von Koordinaten, die bisher Sicherheit und Stabilität verliehen haben.

Trennungen

Wir alle erleben, und zwar immer wieder in unserem Leben, Trennungen. Es können Trennungen von uns lieb gewordenen Bezugspersonen oder Trennungen von Menschen sein, die wir nicht gerne haben. Ebenso können es auch Trennungen von Orten, an denen wir leben, oder Trennungen von bisherigen Lebenssituationen sein. Jeder Entwicklungsschritt ist zwangsläufig auch mit Trennungen verbunden. Manche Trennungen fallen uns leicht und werden von uns geradezu als Befreiung erlebt. Andere belasten und schmerzen uns. Es gibt Trennungen für kurze Zeit, bei denen wir nicht lange auf ein Wiedersehen warten müssen. Wir erleben aber auch endgültige Trennungen, bei denen es kein Zurück gibt. Die radikalsten Formen sind der Tod einer uns nahestehenden Person und unser eigenes Sterben (vgl. das nachfolgende Kapitel).

Unabhängig davon, ob wir selbst die Trennung herbeiführen oder sie von anderen Menschen oder äußeren Umständen ausgeht, stellen Trennungen in jedem Fall eine Situation dar, in der wir auf uns selbst zurückgeworfen sind und mehr oder weniger ausgeprägte *Einsamkeitsgefühle* erleben. Fast immer lösen sie neben der Einsamkeit auch *Gefühle des Allein-gelassen-Seins, des Verlusts* und der *Trauer* aus. Trennungen hinterlassen eine *Leerstelle*, derer wir uns oft erst bewusst werden, wenn die Trennung vollzogen ist.

Einige Beispiele sollen dies im Folgenden veranschaulichen.

Auszug aus dem Elternhaus

Viele Jugendliche und junge Erwachsene können den Augenblick, in dem sie das elterliche Haus verlassen, um beruflich und finanziell auf eigenen Füßen zu stehen, kaum erwarten. Mitunter müssen sie viele Jahre auf diesen Schritt warten, da sie infolge lang dauernder Ausbildungen finanziell von den Eltern abhängig sind und sich eine eigene Wohnung nicht leisten können.

Ist endlich der Moment gekommen, in dem sie die Ausbildung abgeschlossen haben und über ein eigenes Einkommen verfügen, setzen sie alles daran, sobald wie möglich das Elternhaus zu verlassen. Doch wenn sie dann in eine Wohngemeinschaft ziehen oder sich mit einer Partnerin oder einem Partner eine gemeinsame Wohnung einrichten, mischt sich in die Freude, „endlich selbstständig und unabhängig sein", im Allgemeinen über kurz oder lang auch ein wehmütiges Gefühl, weil den jungen Erwachsenen bewusst wird, dass sie in eine neue Lebensphase eingetreten sind. Diese bringt zwar neue, positive Möglichkeiten mit sich. Gleichzeitig jedoch ist sie auch mit einer Trennung von bisher vertrauten Personen und Lebensumständen verbunden.

Je nach der Art der Beziehung zu den Eltern und der Situation, in die der junge Erwachsene nach dem Auszug aus dem Elternhaus eintritt, kann die Trennung vom Elternhaus lediglich eine gewisse Wehmut auslösen. Sie kann aber auch zum Gefühl eines schmerzlichen Verlusts, zum Erleben von Trauer, bis hin zum Leiden unter Einsamkeitsgefühlen führen.

Ausscheiden aus der Berufstätigkeit

In Anbetracht der großen Belastungen, welche die Berufstätigkeit in der Gegenwart für viele Menschen mit sich bringt, warten nicht wenige Arbeitnehmende heute geradezu sehnsüchtig auf die Pensionierung. Sie freuen sich darauf, nach dem Ausscheiden aus dem Beruf nicht mehr in das „Hamsterrad" von Verpflichtungen eingespannt zu sein und den Druck, den die Arbeitswelt auf sie ausübt, hinter sich lassen zu können. Mitunter stellt die Pensionierung auch die seit Langem erhoffte Möglichkeit dar, ein schwieriges Arbeitsteam zu verlassen und dadurch emotionalen Belastungen ein Ende zu setzen.

Trotz des Gefühls der Befreiung und der Freude auf die neue Lebensphase mit der Aussicht auf neue Herausforderungen spüren die meisten Menschen nach der Pensionierung, dass ihnen etwas fehlt. Dies können die Begegnungen mit den Kolleg:innen sein, die gemeinsamen Kaffeepausen, das Plaudern mit ihnen über Politik und Sportereignisse, ja selbst das gemeinsame Schimpfen über die Vorgesetzten. Aber auch die Arbeit selbst fehlt vielleicht, hat sie dem Alltag doch einen Inhalt gegeben und das Selbstwertgefühl durch das Wissen gestärkt, etwas Sinnvolles zu tun und, je nach Berufsbereich, einen Beitrag zum Allgemeinwohl zu leisten. Schließlich kann auch die Struktur, welche die Berufstätigkeit mit sich bringt, vermisst werden.

Das Ausscheiden aus der Berufstätigkeit hinterlässt insofern vielfältige Leerstellen und kann, zumindest temporär, auch Einsamkeitsgefühle entstehen lassen. Dies gilt insbesondere für Pensionierte, die allein leben. Sie hatten oftmals ihre Bedürfnisse nach sozialen Kontakten im Beruf befriedigt und gar nicht gemerkt, dass sie keinen Freundeskreis haben. Erst mit dem Ausscheiden aus der beruflichen Tätigkeit wird ihnen klar, dass sie allein sind, und nicht selten beginnen sie in dieser Situation, unter Einsamkeitsgefühlen zu leiden.

Trennungen von Partner:innen

Trennungen von Partner:innen geht in der Regel eine mehr oder weniger lange Zeit von Konflikten voraus. Eher selten kommt es von einer Minute auf die andere zum Abbruch einer Beziehung. Insofern verlaufen Trennungen sehr unterschiedlich.

In einigen Fällen ist die definitive Trennung eine Erlösung für die eine oder die andere Person, dies insbesondere wenn Gewalt eine Rolle gespielt hat. Mitunter ist die Beziehung auch für beide Partner:innen aufreibend und belastend geworden, sodass beide froh sind, sich trennen zu können. In anderen Fällen wünscht die/der eine Partner:in die Auflösung der Beziehung, während die andere Person verzweifelt daran festhalten möchte. In wieder anderen Situationen wollen im Grunde beide die Beziehung weiterführen, sind sich aber der Tatsache bewusst, dass dies keinen Sinn hat.

Große Unterschiede bestehen auch hinsichtlich der Art, wie die Partner:innen ihre bisherige Beziehung geführt haben. Dies hat selbstverständlich Auswirkungen auf die Dynamik der Trennung. Wichtig ist in diesem Zusammenhang etwa die Frage, wie lange die Beziehung bestanden hat und wer wen aus welchem Grund verlässt.

Trennungen können auch ganz unterschiedlich verlaufen, je nachdem, ob mit der Auflösung der Partnerschaft die Beziehung total abbricht oder ob die Partner:innen durchaus noch Kontakt miteinander haben. Ein wichtiger Faktor ist in diesem Zusammenhang auch, ob das Paar gemeinsame Kinder hat und wie diese auf die Trennung reagieren.

Von Bedeutung ist ferner, wie sich die Familienangehörigen und die Freund:innen der sich trennenden Partner verhalten. Ergreifen sie „Partei" für oder gegen eine/n Partner:in? Brechen sie ihrerseits die Beziehung zu einem von ihnen oder zu beiden ab? Erhalten die sich Trennenden Unterstützung von Familienangehörigen oder Freund:innen?

Entscheidend für die Dynamik von Trennungen ist schließlich, ob eine/r der Partner:innen bereits frühere Trennungen dieser Art erlebt hat und dadurch traumatisiert worden ist. Oder ob die frühere Trennungserfahrung das Gefühl hinterlassen hat: „Wenn ich damals damit fertig geworden bin, schaffe ich das jetzt auch."

Unabhängig davon, wie die Trennung verläuft, hinterlässt sie im Allgemeinen eine Leerstelle und das Gefühl eines Verlusts, wobei die Trennung nachträglich nicht einmal als falsch empfunden werden muss. Aber dennoch verändert sich mit der Auflösung der Partnerschaft etliches, und je länger die Beziehung bestanden hat, desto stärker spüren die Partner:innen, dass „etwas" fehlt. Die Folge müssen nicht unbedingt massive Einsamkeitsgefühle sein. Aber tendenziell erleben alle Menschen nach Trennungen zumindest während einer gewissen Zeit das Gefühl, auf sich zurückgeworfen und allein zu sein.

In dieser Situation ist es für die Verarbeitung der Trennung wichtig, wie die Partner:innen mit ihren dadurch ausgelösten Gefühlen umgehen. Neben Gefühlen des Verlusts treten, je nach den Gründen und der Art der Trennung, häufig auch Verletztheit, Wut, Scham und Enttäuschung auf. Wichtig ist, dass die Sich-Trennenden diese Gefühle zulassen und in einem Trauerprozess innerlich – und unter Umständen auch äußerlich – Abschied von der anderen Person nehmen.

Von diesen Verarbeitungsprozessen hängen wesentlich die Gefühle und das Verhalten in der Zukunft ab. Heruntergeschluckte Wut und nicht gelebte Trauer können zur Folge haben, dass die mit der Trennung zusammenhängenden Enttäuschungen und Verletzungen nie überwunden werden und die folgenden Jahre von permanenter Unzufriedenheit geprägt sind, bis hin zu Depressionen und zur Unfähigkeit, eine neue Beziehung einzugehen. Die alte Beziehung muss erst innerlich beendet sein, ehe jemand wieder frei und offen für eine neue Beziehung ist.

Keine gute Lösungsstrategie ist es auch, wenn sich eine Person nach der Trennung sofort wieder in eine neue Beziehung stürzt. Sie sollte sich unbedingt Zeit für die Verarbeitung der Trennungserfahrung geben. Sonst erfüllt die/der neue Partner:in für die Person, die sich eben getrennt hat, letztlich nur eine Funktion, nämlich ihr bei der Verdrängung der Trennungserfahrung zu helfen. Dies wirkt sich im Allgemeinen nicht positiv auf die neue Partnerschaft aus.

Abschließend möchte ich noch auf eine besondere Trennungssituation eingehen, die im Allgemeinen schwere Belastungen für die verlassene Person mit sich bringt. Es ist das *plötzliche Verschwinden einer Person ohne Angabe von Gründen und ohne Information darüber, wohin sie geht.* In ironischer Form wird diese Situation mitunter charakterisiert durch den Satz, mit dem eine Person das Haus verlässt und nie wieder gesehen wird: „Ich geh' mal eben Zigaretten holen."

Eine Variante dieser extremen Form des Kontaktabbruchs ist das „Ghosting". Damit wird der plötzliche und vollständige Kommunikationsabbruch ohne Ankündigung bezeichnet.[117] Die Person, welche die Beziehung abbricht, verschwindet geistergleich und reagiert auf keinerlei Kontaktversuche, als sei sie nie da gewesen (deshalb „ghost" = Geist) bzw. als habe das Gegenüber für sie nie wirklich existiert.

Mit der zunehmenden Verbreitung von Online-Dating-Portalen sowie der weltweiten Verwendung von SMS und den verschiedenen Messenger-Diensten hat sich die Häufigkeit des Ghosting deutlich erhöht: „25 Prozent der Deutschen haben Umfragen zufolge schon mal Erfahrungen damit gemacht. Bei den 18- bis 33-jährigen Singles sollen es sogar 80 Prozent sein."[118]

Die virtuelle Welt zeichnet sich durch eine große Unverbindlichkeit aus. Die Nutzer:innen können die dort geknüpften Kontakte pflegen, so lange es ihnen Spaß macht, aber auch von einem Moment zum anderen abbrechen, wenn sie irgendetwas daran zu stören beginnt. In dem Fall tauchen sie einfach ab und vermeiden eine Auseinandersetzung mit der anderen Person.

Um eine Extremform des Ghosting geht es in den Fällen, in denen eine Person ohne Vorankündigung abrupt eine mitunter jahrelang bestehende Beziehung abbricht und ohne Angabe, wohin sie geht, auf immer verschwindet.

Die amtlichen Statistiken berichten, dass beispielsweise in Deutschland jährlich 100 000 Menschen als vermisst gemeldet werden, in Österreich sind es 10 000 und in der Schweiz 5000 Personen pro Jahr.[119] Die meisten, im Allgemeinen über 90 %, werden innerhalb weniger Tage bis zu einem Monat aufgeklärt. Lediglich 2 % bis 3 % der Vermisstenfälle bleiben ungelöst. Unter ihnen befindet sich eine zahlenmäßig unbekannte Gruppe von Personen, die, wie oben beschrieben, plötzlich, ohne die geringste Vorwarnung verschwinden und den Angehörigen und Freund:innen keine Information darüber zukommen lassen, wo sie sich befinden. Sie sind gleichsam wie vom Erdboden verschluckt.

Da dieses Verschwinden ohne Vorwarnung geschieht und die Bezugspersonen, Angehörige und Partner:innen nie den Grund für den Abbruch der Beziehung erfahren, ist es für die Zurückbleibenden eine wesentlich schwierigere Situation als eine „normale" Trennung, wie ich sie oben beschrieben habe. Die Journalistin Tina Soliman hat mit „Abbrechern" und „Verlassenen" gesprochen und die Resultate ihrer Recherche in dem Buch *Funkstille*[120] und in der NDR-Fernsehdokumentation „Das Leben! – Für mich bist du gestorben. Wenn Menschen den Kontakt abbrechen"[121] veröffentlicht. Mit dem Begriff „Funkstille" umschreibt sie den plötzlichen und wortlosen Abbruch einer Beziehung, wie ein „Donnerschlag" aus heiterem Himmel, der zum Teil jahre-, ja jahrzehntelang bestehende Beziehungen zerreißt und die Zurückbleibenden mit Gefühlen von Schuld, Scham und Versagen zurücklässt. Das Schlimmste für die Verlassenen in dieser Situation ist das undurchdringliche Schweigen, das „wie eine offene Wunde"[122] ist. Das Leben mit der Unmöglichkeit, den Grund für den Beziehungsabbruch zu erfahren, beschreiben die Verlassenen mit den Worten „Man lebt damit wie mit einem abgeschlagenen Bein."[123] Das Thema des abrupten Beziehungsabbruchs ist dauernd präsent und begleitet sie wie eine quälende, nie endende Hintergrundmusik.

Indes sind die Personen, die die Beziehung abbrechen, offensichtlich ebenfalls in Not. Sie berichten in den Gesprächen mit Tina Soliman davon, sich in den Beziehungen, die sie abrupt und offenbar zum Teil in Panik verlassen haben, bedroht, wie in einem „Vernichtungskrieg“[124], in einem „Gefängnis“[125], gefühlt zu haben. Der Beziehungsabbruch war für einige von ihnen die einzige ihnen möglich erscheinende Alternative zum Suizid. Von einem Mann, der seine Mutter ohne Vorwarnung verlassen hat und nie mehr Kontakt mit ihr haben möchte, berichtet Tina Soliman, „er hätte sich umgebracht, wenn er den Kontakt zu seiner Mutter nicht abgebrochen hätte. [...] Die Funkstille sei definitiv lebensrettend, ja überlebensnotwendig für ihn gewesen. Der Kontaktabbruch schützte ihn vor dem Bruch mit dem Leben, seinem Leben.“[126]

Wie diese Aussagen von Verlassenen und Abbrechern zeigen, sind beide tief verletzt und bleiben beide letztlich in großer Einsamkeit zurück. Der abrupte, definitive Kontaktabbruch ist Ausdruck der Unmöglichkeit, in einem Dialog die Konflikte zu klären. Indem die abbrechende Person sich in undurchdringliches Schweigen hüllt, teilt sie der anderen Person mit, dass sie sich unfähig fühlt, so wie bisher weiterzumachen, und dass sie sich keine wie auch immer geartete Fortsetzung der Beziehung vorstellen kann.

Aufgrund der von ihr geführten Gespräche arbeitet Tina Soliman vier Motive für den Abbruch der Beziehung, für die „Funkstille“, heraus: die Suche nach *Schutz*, der Abbruch als *letzten Ausweg*, das Schweigen als *Machtmittel* und der totale Rückzug aus *Scham*.

Ich selbst bin in meiner therapeutischen Tätigkeit eher selten mit Menschen zusammengetroffen, die ohne Vorwarnung und für immer Beziehungen abgebrochen haben oder auf diese Art verlassen worden sind. Die Mehrzahl stellten die Verlassenen dar. Wie in den Interviews, die Tina Soliman geführt hat, zeigte sich auch bei meinen verlassenen Gesprächspartner:innen ein immenses Leiden, ausgelöst durch die quälende, letztlich aber nicht zu beantwortende Frage: „Warum nur bin ich verlassen worden?“ Dass die Verlassenen unter Einsamkeitsgefühlen leiden, ist nicht erstaunlich, sehen sie sich doch plötzlich und völlig unvorbereitet damit konfrontiert, allein zu sein.

Schwieriger hingegen ist es nachzuvollziehen, dass auch die Person, die die Beziehung abrupt beendet, unter quälenden Gefühlen der Einsamkeit leiden kann. Neben den anderen von Tina Soliman genannten Motiven ist dies nach meiner Erfahrung vor allem dann der Fall, wenn Scham eine zentrale Rolle spielt. Der Veranschaulichung dieser Situation möge das folgende Beispiel dienen.

Hannes Klauser ein 50-jähriger Büroangestellter, suchte einen Psychotherapeuten auf, weil er unter Schlafstörungen, depressiven Verstimmungen und dem Gefühl von Einsamkeit litt. In der ersten Sitzung berichtete er, diese Symptome bestünden schon seit vielen Jahren. Ursachen dafür seien ihm nicht bekannt. „Das hat sich seit sicher 20 Jahren langsam so entwickelt und ist mit der Zeit immer schlimmer geworden. Ich komme jetzt, weil ich es nicht mehr aushalte und einige Male schon nahe daran war, mir das Leben zu nehmen." Am stärksten setze ihm die Einsamkeit zu. Sie sei seiner Meinung nach die Ursache für die Schlafstörungen und Depressionen.

In den Gesprächen über sein bisheriges Leben berichtete Herr Klauser, dass er in Norddeutschland aufgewachsen und vor zehn Jahren in die Schweiz gezogen sei. In Kindheit, Jugend und jungem Erwachsenenalter sei er unbeschwert und kontaktfreudig gewesen. Mit dem Selbstwertgefühl habe er allerdings immer Probleme gehabt: „Ich habe mir wenig zugetraut und hatte immer den Eindruck, die anderen seien in jeder Hinsicht viel besser und erfolgreicher als ich." Er habe die Schule zwar bis zum Abitur durchlaufen, dann aber kein Studium begonnen, weil er sich das nicht zugetraut habe. Sein älterer Bruder hingegen habe Medizin studiert und sei jetzt sehr erfolgreicher Chefarzt eines großen Krankenhauses. Er selbst sei zwar mit seiner Bürotätigkeit zufrieden, vermeide es aber beim Zusammentreffen mit Akademikern, davon zu sprechen.

Auf die Bitte des Therapeuten, ihm von bisherigen Beziehungserfahrungen zu berichten, verstummte Herr Klauser. Auf die Frage, ob das ein für ihn sehr unangenehmes Thema sei, schüttelte er den Kopf, schwieg aber weiterhin. Schließlich berichtete er, er habe als junger Erwachsener in seinen ersten Berufsjahren ab und zu Freundinnen gehabt. „Irgendwie hat das aber nie zwischen uns geklappt. Sie haben mich immer nach kurzer Zeit verlassen." Nach erneutem Schweigen fügte er, unerwartet heftig, hinzu: „Und mit der letzten habe ich Schluss gemacht!" In dieser Sitzung wollte Herr Klauser über diese Beziehung nicht weiter sprechen.

Erst etliche Zeit später kam er auf die Beziehung zurück, die er damals, vor zehn Jahren, als er noch in Norddeutschland gelebt hatte, beendet habe. Die damalige Freundin, eine Mitarbeiterin seines Bruders, habe er über seinen Bruder kennengelernt. Er sei sehr erstaunt gewesen, dass sie, eine erfolgreiche Ärztin, an ihm Interesse gehabt habe. „Das hat meinem Ego einerseits sehr gutgetan. Andererseits aber habe ich mich ihr gegenüber immer unterlegen gefühlt. Das wollte ich mir lange nicht eingestehen, habe das mit der Zeit aber immer deutlicher gespürt." Vielen Äußerungen der Freundin und ihrem Verhalten ihm gegenüber habe er entnommen, dass sie ihn tatsächlich nicht ernst nehme.

Das „Fass zum Überlaufen" habe eine Situation gebracht, als die Freundin und er bei seinem Bruder und dessen Frau, die auch Ärztin sei und in eigener Praxis arbeite, eingeladen gewesen seien. Den ganzen Abend hätten die drei von ihrer ärztlichen Tätigkeit, von komplizierten, von ihnen aber höchst erfolgreich durchgeführten Behandlungen gesprochen. „Ich hätte kotzen können!", brach es aus Herrn Klauser heraus. Und noch jetzt waren seine Wut und das Gefühl, durch diese Situation zutiefst verletzt worden zu sein, spürbar. „An diesem Abend ist mir schlagartig klar geworden: Hier gehöre ich nicht dazu!"

Von diesem Moment an sei er „wie besessen" gewesen von dem Gedanken, er müsse sich von seiner Freundin trennen. Zu einem Gespräch mit ihr darüber habe er sich, wenn er ehrlich sei, nicht fähig gefühlt. Es habe nur den einen Weg gegeben, „still und heimlich aus ihrem Leben zu verschwinden". Sein erster Gedanke sei gewesen, sich das Leben zu nehmen. Dann aber habe er sich entschlossen, die Freundin zu verlassen und an einem anderen Ort „neu zu beginnen".

„Ich habe mich wahnsinnig erleichtert gefühlt, als ich diesen Entschluss gefasst hatte." Nun sei es nur noch darauf angekommen, wann er seinen Plan realisieren könnte. Vorsorglich habe er alle Details seines Auszugs aus der gemeinsamen Wohnung mit einer Umzugsfirma besprochen. Zudem habe er seine Stelle gekündigt und sich in der Schweiz eine neue Stelle gesucht. Er habe genügend Geld auf seinem Konto gehabt, um auch einige Monate ohne Berufstätigkeit überleben zu können. Das alles habe er heimlich gemacht, und zwar ohne dass die Freundin auch nur den geringsten Verdacht geschöpft habe. Der Moment, seinen Plan in die Tat umzusetzen, sei gekommen, als die Freundin zusammen mit seinem Bruder zu einem mehrtägigen Arztkongress gefahren sei.

Er habe die Umzugsfirma für den Tag bestellt, an dem die Freundin abgereist sei, und habe die Möbel abtransportieren lassen, die er in die Beziehung mitgebracht habe. Noch am gleichen Tag habe er sich von seinem bisherigen Wohnort abgemeldet und sei in die Schweiz an den Ort gereist, in den sein Umzugsgut gebracht worden sei. Vor seiner Abreise habe er sich von niemandem verabschiedet, nicht einmal von seiner Mutter, die hochbetagt in einem Altersheim gelebt habe. „Sie war damals schon ziemlich dement. Da hätte das gar keinen Sinn gehabt, mit ihr zu reden. Wahrscheinlich ist sie inzwischen längst gestorben."

Von seiner ehemaligen Freundin habe er nie mehr etwas gehört. Seinerseits habe er sich „natürlich" nie bei ihr gemeldet. Er sei sicher, dass sie keine Ahnung habe, wo er jetzt lebe.

In den Gesprächen mit dem Therapeuten konnte Herr Klauser herausarbeiten, dass das Motiv seines abrupten Kontaktabbruchs vor allem die Scham, hervorgerufen durch sein labiles, höchst verletzliches Selbstwertgefühl, war. Die Selbstwertprobleme hatten ihn von jeher gequält und waren in der Beziehung mit seiner beruflich erfolgreichen Freundin noch stärker geworden. Der Abend zusammen mit der Freundin, seinem Bruder und dessen Frau war nur der sprichwörtlich „letzte Tropfen" gewesen, der „das Fass zum Überlaufen" gebracht hatte.

Es war für den Therapeuten erschütternd zu hören, mit welcher Akribie und Konsequenz Herr Klauser seinen heimlichen Auszug aus der gemeinsamen Wohnung geplant und umgesetzt hat. Fast unglaublich auch, dass die Freundin nichts davon wahrgenommen hatte. Dies entspricht allerdings dem, was auch die verlassenen Personen Tina Soliman berichtet haben. Nach wie vor hielt Herr Klauser daran fest, „nie wieder" Kontakt mit seiner ehemaligen Freundin, seinem Bruder und dessen Frau oder mit anderen Personen von früher haben zu wollen. „Mit der Zeit in Deutschland habe ich abgeschlossen!" Auch wenn ihm klar wurde, dass der Abbruch all dieser Beziehungen ihn einsam und mit Depressionen und Schlafstörungen zurückgelassen hatte – an seinem jetzigen Wohnsitz in der Schweiz hatte er keinen engeren Freundeskreis aufgebaut –, blieb er in Bezug auf eine Wiederannäherung an die Familie oder frühere Bezugspersonen unerbittlich: „Es gibt kein Zurück! Damit ist es aus und vorbei!"

Dieses Beispiel zeigt noch einmal, dass Menschen wie Herr Klauser ihren Entschluss, sich abrupt aus einer Beziehung zu entfernen – was in ihrem Erleben einer „Befreiung" gleichkommt –, mit einer unglaublichen Konsequenz und unter In-Kauf-Nehmen von schwerwiegenden Nachteilen wie Depressionen, Schlafstörungen und quälenden Einsamkeitsgefühlen durchführen und vielfach nicht bereit sind – oder man muss vielleicht besser sagen: „sich nicht fähig fühlen" –, die abgebrochenen Beziehungen später irgendwann wieder aufzunehmen. Auch wenn Herr Klauser vehement darauf hinweist, dass er mit der Zeit in Deutschland „abgeschlossen“ habe, es für ihn „kein Zurück“ mehr gebe und es „aus und vorbei“ sei, wird in solchen Äußerungen doch spürbar, dass die Vergangenheit für Menschen wie ihn eben doch nicht „vorbei“ ist, sondern nach wie vor auf ihnen lastet. Insofern stimme ich Tina Soliman zu, die in ihrem Buch im Kapitel „Das Schweigen“ ausführt: „Schweigen ist Kommunikation“[127] und „Das Schweigen ist also etwas Aktives, auch wenn es passiv wirkt. Es ist eindeutig ein Handeln. Jemand tut etwas und tut dem anderen damit etwas an“[128] – was ich ergänzen möchte durch den Hinweis, dass er damit auch sich selbst etwas antut.

Tod und Einsamkeit

Wenn wir von Tod und Einsamkeitsgefühlen sprechen, denken wir zumeist wohl in erster Linie an den Tod uns nahestehender Menschen und die dadurch in uns ausgelösten Gefühle, einsam zurückzubleiben. Dies ist der eine Aspekt, den ich in diesem Unterkapitel behandeln möchte. Daneben erscheint es mir aber wichtig, dass wir uns zudem damit auseinandersetzen, dass auch der eigene Tod uns mit einer – sogar extremen – Form der Einsamkeit konfrontiert. Diesen Fragen ist der zweite Teil dieses Unterkapitels gewidmet.

Bei den Überlegungen zum Thema Sterben müssen wir berücksichtigen, dass es in unserer Gesellschaft in Bezug auf Tod und Sterben im Verlauf der letzten hundert Jahre zu einem kollektiven Veränderungsprozess gekommen ist. Während das Sterben vor dem Zweiten Weltkrieg überwiegend im Kreis der Familie zu Hause stattfand, sterben heute etwa 80 Prozent der deutschen Bevölkerung in Institutionen, überwiegend in Krankenhäusern, Alten- und Pflegeheimen.[129] Damit wird der Tod weitgehend aus dem alltäglichen Leben verbannt, und die Sterbesituation ist, wie Norbert Elias es in seinem Buch *Über die Einsamkeit der Sterbenden*[130] formuliert hat, „in unseren Tagen weitgehend ungeformt, ein weißer Fleck auf der sozialen Landkarte. Die wirklichen Rituale sind zum guten Teil gefühlsleer geworden, den traditionellen weltlichen Formen fehlt die Überzeugungskraft. Tabus verbieten das allzu starke Zeigen starker Gefühle, obwohl sie vorhanden sein mögen.“[131]

Diese von Elias beschriebenen Veränderungen weisen darauf

hin, dass es in Bezug auf Tod und Sterben in unserer Gesellschaft zu einer Art kollektiver Vereinsamung und einer Anonymisierung gekommen ist.[132] Ein in gewisser Weise gegenläufiger Prozess zeigt sich darin, dass seit etlichen Jahren verschiedenste Ausbildungsgänge in Form von Kursen und Seminaren zu Sterbe- und Trauerbegleitung angeboten werden. An diesen Beispielen wird noch einmal die enge Verflechtung von gesamtgesellschaftlichen Prozessen[133] und dem individuellen Erleben von Einsamkeit deutlich, wie ich sie in Kapitel 2 über die gesellschaftlichen Ursachen der Einsamkeitsgefühle beschrieben habe.

Der Tod nahestehender Menschen

Es leuchtet uns unmittelbar ein, dass der Tod von nahestehenden Menschen neben Trauer[134] und Verzweiflung oft auch zu Gefühlen des Alleinseins und der Einsamkeit führt. Mehr oder weniger haben wir alle das auch schon selbst erlebt. Eine genauere Betrachtung solcher Situationen zeigt aber, dass es hinsichtlich der Entwicklung, der Dauer und der Intensität von Einsamkeitsgefühlen recht unterschiedliche Situationen gibt. Einen großen Einfluss auf die Einsamkeitsgefühle hat der Umstand, ob es ein plötzlicher oder ein erwarteter Tod ist.

Der *plötzliche Tod* trifft Angehörige und Freund:innen wie ein Blitz aus heiterem Himmel. Er kommt, beispielsweise infolge eines Unfalls oder eines Herzinfarkts, ohne jede Vorankündigung und lässt den Zurückbleibenden keine Möglichkeit, vom Verstorbenen Abschied zu nehmen. Da der plötzliche Tod Menschen in jedem Lebensalter treffen kann, fällt es Angehörigen und Freund:innen in der Regel auch viel schwerer, ihn zu akzeptieren, als bei einem erwarteten Lebensende.

Die Reaktionen der Zurückbleibenden auf den völlig unerwarteten Verlust eines geliebten Menschen können ganz verschiedenartig sein: Sie reichen von gefühlsmäßiger Erstarrung und der Unfähigkeit, ja mitunter geradezu der Weigerung, die schreckliche Realität zu akzeptieren, über Verzweiflung und Wut über die „Ungerechtigkeit", wie es mitunter heißt, dass gerade dieser Mensch so jäh aus dem Leben gerissen worden ist, bis hin zu einem völligen Zusammenbruch und abgrundtiefer Trauer.

Gerade bei unerwarteten Ereignissen müssen die Hinterbliebenen in der ersten Zeit nach dem Tod eines Angehörigen im Allgemeinen eine Fülle von Dingen erledigen und sind davon voll in Beschlag genommen,[135] sodass sie kaum dazu kommen, sich mit ihren Gefühlen auseinanderzusetzen. Zudem erfahren sie oft große Zuwendung von anderen Menschen, die, wie die Angehörigen, erschüttert sind durch den plötzlichen Tod.

Irgendwann aber kommt für alle die Zeit, in der sie schmerzlich die Leere spüren, die der Tod der ihnen nahestehenden Person verursacht hat: am Morgen aufzuwachen und wahrzunehmen, dass das Bett nebenan leer ist; in die Wohnung zurückzukehren und dort von niemandem erwartet zu werden; allein die Mahlzeiten einnehmen zu müssen; mit niemandem, zumindest nicht mit der vertrauten Person, sprechen zu können; ja sich nicht einmal mehr darüber streiten zu können, welches Fernsehprogramm man anschauen möchte oder dass endlich einmal aufgeräumt werden muss. Dies sind Momente, in denen die Überlebenden sich ihres Alleinseins bewusst werden und oft quälende Gefühle der Einsamkeit spüren.

Es sei noch auf eine Art des plötzlichen, unerwarteten Todes eingegangen, der Angehörige und Freund:innen besonders erschüttert: der „*plötzliche Kindstod*" (sudden infant death syndrom, SIDS). Es ist der „plötzliche und unerwartete Tod eines zuvor normal und gesund erscheinenden Säuglings, ohne dass ein eindeutiger medizinischer Grund gefunden wird"[136]. Die Ursachen sind nach wie vor unbekannt. Man geht von einer multifaktoriellen Genese aus. Nach einem Maximum von Fällen des plötzlichen Kindstods im Jahr 1990 (1283 Todesfälle) ist seither in Deutschland eine kontinuierliche Abnahme zu verzeichnen: Im Jahr 2020 waren es nur noch 84 Fälle eines plötzlichen Kindstodes. Diese Abnahme scheint vor allem auf präventive Empfehlungen von Fachleuten zurückzuführen zu sein, etwa besonders auf eine sichere, die Atmung der Säuglinge nicht behindernde Umgebung beim Schlafen zu achten. Entsprechende Empfehlungen für Eltern sind veröffentlicht worden.[137]

Gerade weil diese Todesart völlig unerwartet gesund erscheinende Säuglinge trifft, löst sie bei vielen Eltern große Ängste aus und führt bei einem Teil von ihnen zu einem extremen Bedürfnis, den Schlaf ihres Säuglings zu überwachen. Diese Todesart erschüttert Eltern, Angehörige und Freund:innen nicht zuletzt auch deshalb so stark, weil der Tod das Leben eines erst vor Kurzem geborenen Menschen beendet, vor dem noch eine Zukunft mit vielen Möglichkeiten gelegen hat. Die vom plötzlichen Kindstod betroffenen

Eltern erleben diese Situation nicht nur deshalb als Katastrophe, weil ein vor Kurzem geborenes Kind gestorben ist und ihnen fehlt. Sie sind vielmehr auch durch den entsetzlichen seelischen Schmerz, der für andere Menschen kaum nachvollziehbar ist, in besonderer Weise einsam. Diese Einsamkeit spüren sie in schmerzlicher Weise selbst wenn sie bereits andere Kinder haben.[138]

In mancher Weise anders sind die Reaktionen von Menschen, deren Partner:innen oder Freund:innen länger unter einer schweren Krankheit gelitten haben und deren *Tod zu erwarten* war. In dieser Situation besteht die Möglichkeit, von den Sterbenden *Abschied zu nehmen* und sich schon vor ihrem Tod mit dem Verlust auseinanderzusetzen. Gewiss kann niemand sagen, wie sie oder er sich fühlen wird, wenn eine vertraute Person tatsächlich gestorben ist. Doch können Angehörige und Freund:innen bei einem erwarteten Tod schon im Vorfeld ein Stück weit trauern, innerlich wie äußerlich Abschied von der sterbenden Person nehmen und sich Gedanken über die Zeit „danach" machen.

Auch im Fall des erwarteten Sterbens einer ihnen nahestehenden Person können die Zurückbleibenden, je nach Persönlichkeit und Lebensumständen, völlig unterschiedlich reagieren. Doch erfolgt der Tod nicht wie ein Blitz aus heiterem Himmel und wirft die Angehörigen und Freund:innen im Allgemeinen nicht so stark aus der Bahn wie ein völlig unerwarteter Tod. Das konkrete Ende des Lebens einer nahestehenden Person ist zwar immer noch etwas anderes als die Vorstellung von ihrem Sterben. Es kann im Allgemeinen aber eher akzeptiert werden.

Hinzu kommt, dass der Tod nach einer längeren, schweren Krankheit vom Sterbenden selbst, aber auch von seinem Umfeld, nicht selten als Erlösung erlebt wird. Dies gilt beispielsweise für Krebserkrankungen mit etlichen Rezidiven, mehrfachen Chemotherapien und Bestrahlungen mit den dadurch verursachten körperlichen und psychischen Belastungen und die oft an die Therapien geknüpften Hoffnungen, die letztlich aber alle unerfüllt geblieben sind. Während der sich mitunter über Jahre erstreckenden Krankheitsverläufe sind die Patient:innen, aber auch ihre Bezugspersonen, erschöpft und empfinden den Tod dann als Erlösung von einem für alle unerträglichen Leid.

Zudem besteht bei längeren Erkrankungen, die zum Tod führen, für die Patient:innen selbst wie auch für ihre Angehörigen und

Freund:innen die Möglichkeit, sich mit dem Sterben allgemein und mit Fragen der eigenen Endlichkeit auseinanderzusetzen. Die Ärztin Kathryn Schneider hat diesen sich über viele Jahre hinziehenden Prozess der Auseinandersetzung mit ihrer lebensbedrohenden Erkrankung und dem eigenen Sterben eindrücklich in ihrem Buch *Reden wir über das Sterben. Vermächtnis einer Ärztin und Patientin*[139] dargestellt. Aber natürlich wird auch in solchen Situationen, die Zeit zur Reflexion und zum Abschiednehmen gewähren, beim endgültigen Abschied die durch den Tod gerissene Lücke schmerzlich spürbar.

Abgesehen von der Art des Todes hängt die Frage, ob und wie stark Gefühle der Einsamkeit auftreten, auch noch von einer Reihe anderer Faktoren ab. Eine Frage, der in diesem Zusammenhang Bedeutung zukommt, ist die, ob die sterbende Person *bereit und fähig war, über ihr Sterben zu sprechen*. Ist ihr dies nicht möglich, so kann dies die Trauer der zurückbleibenden Personen erheblich beeinflussen und noch zu Lebzeiten der sterbenskranken Person bei den Angehörigen das Gefühl der Einsamkeit auslösen: Die der sterbenden Person nahestehenden Angehörigen oder Freund:innen bleiben allein mit ihrer Trauer, sodass letztlich ein gegenseitiges voneinander Abschiednehmen nicht möglich ist.

Aber auch die *Nicht-Bereitschaft oder Unfähigkeit der Bezugspersonen*, mit der sterbenden Person über den Tod zu sprechen, können zum einen bei der sterbenden Person, zum anderen bei den Zurückbleibenden Gefühle der Einsamkeit auslösen.

Wenn Menschen, die den Tod auf sich zukommen sehen, mit einer ihnen nahestehenden Person über ihre Gefühle sprechen und sich mit ihrem Sterben auseinandersetzen möchten, auf eine Umgebung treffen, die zu solchen Gesprächen nicht bereit ist, kann dies gerade in dieser Situation zu dem Gefühl führen, völlig auf sich selbst zurückgeworfen zu sein. Selbstverständlich stirbt jeder Mensch seinen eigenen Tod und ist beim Übergang vom Leben zum Tod, selbst wenn Angehörige und Freund:innen in diesem Moment bei ihm sind, allein (vgl. den nachfolgenden Abschnitt über das eigene Sterben). Anders ist es jedoch, solange die Person noch lebt und gerade in einer so existenziellen Situation wie dem Sterben auf mitmenschliche Nähe und die Möglichkeit des Austauschs mit anderen Menschen angewiesen ist.

Aber auch die zurückbleibenden Angehörigen und Freund:innen, die sich nicht fähig fühlen oder nicht bereit sind, mit der sterbenden Person über den Tod zu sprechen, können ihre Hemmung schmerzlich als Einengung empfinden und unter ihrer Unfähigkeit, darüber zu sprechen, leiden. Ebenso wie die sterbende Person können auch sie sich einsam fühlen, weil es ihnen nicht gelingt, die Kommunikation mit der Person, die bald nicht mehr bei ihnen sein wird, aufrechtzuerhalten.

Einen wesentlichen Einfluss auf den Trauerprozess und die Frage, ob es dabei zu ausgeprägten Gefühlen der Einsamkeit kommt, hat ferner die *Art der Beziehung*, die zwischen der verstorbenen Person und den Hinterbliebenen bestanden hat. War es eine sehr nahe Beziehung und war sie durch intensive positive Gefühle geprägt? In diesem Fall wird der Verlust von der zurückbleibenden Person stärker erlebt und es werden sich eher Einsamkeitsgefühle entwickeln, als wenn es eine distanzierte Beziehung war oder wenn negative Gefühle der verstorbenen Person gegenüber bestanden haben. Schwierig kann die Situation sich gestalten, wenn es eine Beziehung mit sehr ambivalenten Gefühlen war. In diesem Fall können die Gefühle nach dem Tod der anderen Person hin und her schwanken und dementsprechend einmal starke Einsamkeitsgefühle herrschen und dann wieder unversehens eine gefühlsmäßige Distanzierung erfolgen.

Eine spezielle Situation stellt der *assistierte Suizid* dar, wie er in der Schweiz mit Hilfe einer Sterbeorganisation durchgeführt werden kann. In Deutschland hat das Bundesverfassungsgericht im Februar 2020 das Recht auf selbstbestimmtes Sterben festgestellt und das bis dahin geltende Verbot der „geschäftsmäßigen Förderung der Selbsttötung“ für nichtig erklärt. Entsprechend haben deutsche Sterbehilfeorganisationen wie „Deutsche Gesellschaft für Humanes Sterben“, „Dignitas Deutschland“ und „Sterbehilfe Deutschland“ im Jahr 2021 fast 350 Personen beim assistierten Suizid begleitet. In der Schweiz, in der die „ärztliche Freitodbegleitung“ (wie sie dort offiziell genannt wird) bereits seit 1918 erlaubt ist, gibt es sechs Organisationen. Die größten sind EXIT[140] (mit 155000 Mitgliedern und 1125 ärztlichen Freitodbegleitungen im Jahr 2022) und „Dignitas“[141] (mit 884 Mitgliedern in der Schweiz und 11 assistierten Suiziden im Jahr 2022). In Österreich regelt ein Gesetz seit dem 1.1.2022 die rechtlichen Voraussetzungen für den assistierten Suizid.

Auf die Frage, was eine ärztliche Freitodbegleitung für die Person bedeutet, die ihr Leben auf diese Weise beenden möchte, werde ich im nachfolgenden Abschnitt eingehen. Hier geht es zunächst um die Frage, was der assistierte Suizid für Angehörige und Freund:innen bedeutet und welche Auswirkungen der Plan einer Person, die Beihilfe zum Suizid in Anspruch zu nehmen, auf die Beziehung zwischen der sterbewilligen Person und den Angehörigen hat. Eine zentrale Frage in diesem Zusammenhang ist die, ob die Angehörigen mit dem Entscheid der sterbewilligen Person übereinstimmen. In dieser Hinsicht finden wir völlig verschiedene Reaktionen.

Am schwierigsten ist es, wenn die Angehörigen und Freund:innen diesen Weg, das Leben zu beenden, aus allgemein weltanschaulichen oder religiösen Gründen absolut nicht akzeptieren, die sterbewillige Person aber strikt daran festhält. Dadurch kann es im Angesicht des Todes zu schwerwiegenden Konflikten zwischen den Beteiligten kommen. Möchte die sterbewillige Person jedoch „selbstbestimmt bis ans Lebensende“ sein, wie es die Schweizer Organisation EXIT definiert, und setzt sie ihren Entschluss entgegen allen Versuchen der Umgebung, sie davon abzubringen, durch, so können die Angehörigen in eine für sie emotional extrem schwierige Situation geraten.

Die Beziehung zur sterbewilligen Person wird durch diesen Konflikt enorm belastet, bricht unmittelbar vor dem Tod unter Umständen sogar total ab und lässt die Angehörigen, auf sich selbst zurückgeworfen, in einem Gemisch von Trauer, Verzweiflung, Ohnmacht und Wut zurück. Wenn sie zudem unter keinen Umständen möchten, dass die Umgebung von der ärztlichen Freitodbegleitung erfährt, verschärft dies nochmals ihre inneren Konflikte und kann zur Entwicklung quälender Einsamkeitsgefühle führen.

Anders ist es hingegen, wenn die Angehörigen den Wunsch der sterbewilligen Person zumindest akzeptieren oder sogar gutheißen. In diesem Fall kann sich die Beziehung zwischen ihnen in dieser existenziellen Grenzsituation unter Umständen noch intensivieren. Ob Angehörige dann bereit sind, im Moment des Sterbens anwesend zu sein, ist eine Frage, die sie ganz für sich selbst entscheiden müssen und die auch im Dialog mit der sterbewilligen Person geklärt werden kann.

Unterschiede im Hinblick auf Einsamkeitsgefühle, die in Angehörigen oder Freund:innen angesichts des Todes einer ihnen nahestehenden Person auftauchen, ergeben sich schließlich auch durch die Frage, ob die Betreffenden in einer *spirituellen Dimension* Halt und Geborgenheit finden. Dies kann die Zugehörigkeit und die Anteilnahme einer kirchlichen Bezugsgruppe sein, die Trost spendet und Einsamkeitsgefühlen entgegenwirkt. Es kann auch eine Spiritualität sein, die außerhalb traditioneller kirchlicher Strukturen mit Menschen auf dem spirituellen Weg – z. B. in einer buddhistischen Sangha oder einer Sufi-Meditationsgruppe – geteilt wird und die den Hinterbliebenen hilft, den Tod nicht als absolutes Ende zu betrachten. Selbst eine dezidiert atheistische Einstellung muss nicht zwangsläufig zur Vorstellung führen, das menschliche Leben sei sinnlos, und damit die Hinterbliebenen in quälende Einsamkeitsgefühle drängen. Auch Menschen ohne jeglichen religiösen Glauben oder eine spirituelle Praxis können das Leben durchaus als sinnvoll betrachten und beim Tod eines ihnen nahestehenden Menschen dankbar auf die gemeinsam verbrachte Zeit zurückschauen.

Im Hinblick auf Einsamkeitsgefühle ist schließlich noch auf die Rolle von *Ritualen* hinzuweisen. Rituale sind kulturell definierte Handlungen, die oft einen symbolischen Charakter haben[142] und nach bestimmten Regeln ablaufen (z. B. Feiern von religiösen oder politischen Festen, bestimmte Tagesabläufe etc.). Sie geben dem Alltag oder einem speziellen Anlass Struktur und erfüllen eine kommunikative Funktion, wodurch die daran beteiligten Menschen sich als Teil einer Gemeinschaft erleben. Gerade im Kontext von existenziellen Grenzsituationen sind in allen Kulturen Rituale entwickelt worden. Für Mitglieder der Katholischen Kirche z. B. sind Beichte, Krankensalbung und Kommunion Rituale, die den Sterbenden und ihren Angehörigen Stärkung und Trost vermitteln sollen.

Im Zusammenhang mit dem Sterben sind auch in unserer Gesellschaft verschiedene religiöse Rituale entwickelt worden. Die Beerdigung ist ein solches komplexes Ritual, das auch unabhängig vom religiösen Kontext im Sinne eines gemeinsamen Abschieds von der verstorbenen Person Bedeutung hat. Allein die Planung der Beerdigung mit der Entscheidung, wer in der Trauerfeier etwas über die verstorbene Person sagen wird, welche Musik gespielt werden soll und ob die an der Trauerfeier Teilnehmenden nachher noch zusammensitzen werden, stellt eine Verbindung zur verstorbenen Person ebenso wie zu den Mittrauernden her.[143]

Einsamkeitsgefühle im Kontext des eigenen Todes

Auch wenn das Sterben von Menschen sehr unterschiedlich geschieht, manche völlig allein sterben, andere das Leben im Kreis von ihnen vertrauten Personen beenden, so kann beim letzten Schritt aus dem Leben niemand mit uns gehen. Jeder Mensch stirbt seinen eigenen Tod und ist in diesem Moment absolut allein. Niemand weiß, ob sich Menschen in diesem Moment einsam fühlen oder ob es an der Schwelle zwischen Leben und Tod solche Gedanken und Gefühle nicht mehr gibt und sie auch gar keine Rolle mehr spielen.

Im Vorfeld des eigenen Sterbens stellt sich hingegen die Frage nach Einsamkeit durchaus, ist es doch die radikalste Trennung, die wir als Sterbende und als Hinterbliebene erleben. Selbst im Hinblick auf die Menschen, die Angehörige und Freund:innen plötzlich, ohne jede Vorwarnung verlassen und nie wieder von sich hören lassen (vgl. das Unterkapitel „Trennungen"), besteht zumindest theoretisch die Möglichkeit und bleibt oft eine vage Hoffnung bestehen, es könnte vielleicht doch irgendwann noch einmal zu einem Wiedersehen kommen. Diese Möglichkeit gibt es im Fall des Todes nicht.

Bei einem plötzlichen Herausgerissenwerden aus dem Leben durch einen Unfall oder einen Herzinfarkt wissen wir nicht, ob Menschen sich in dieser Situation einsam fühlen. Anders aber ist es beim *Sterben nach einer länger andauernden schweren Erkrankung*. In dieser Situation können bei den Sterbenden Einsamkeitsgefühle aus verschiedenen Gründen entstehen.

Zum einen hängt das Gefühl, sich einsam zu fühlen, davon ab, ob es Menschen gibt, welche *die sterbende Person begleiten*. Wie im Unterkapitel „Krankheit" bereits diskutiert, ist es für Menschen mit schweren Erkrankungen, insbesondere wenn diese zum Tod führen, eminent wichtig, nicht allein zu sein. Depressive Verstimmungen, Angst, Hoffnungslosigkeit, Verzweiflung bis hin zur Suizidalität werden umso stärker, je einsamer die Person ist. Dies gilt ganz besonders für Menschen mit einer lebensbedrohlichen Erkrankung.

Selbst wenn es Bezugspersonen gibt, die sich um die Schwerkranken kümmern, können diese sich indes einsam fühlen. Einsamkeit kann in dieser Situation beispielsweise entstehen, wenn Kranke und Angehörige gegenseitig aufeinander „Rücksicht" nehmen und das Gespräch über den Tod vermeiden. Der „Rücksicht" liegt häufig die Unfähigkeit zugrunde, sich mit dem Sterben auseinanderzusetzen und die Realität des bevorstehenden Todes zu akzeptieren. Wenn die Angehörigen und Freund:innen dazu nicht fähig sind, die sterbende Person aber Abschied nehmen und über die definitive Trennung sprechen möchte, gerät sie in tiefe, existenzielle Einsamkeit.

Einsamkeit kann die sterbende Person aber auch dann empfinden, wenn sie selbst nicht in der Lage ist, sich über den bevorstehenden Tod zu äußern. Sie möchte vielleicht darüber sprechen und wäre froh, wenn von außen ein Anstoß zu einem solchen Gespräch käme. Von sich aus bringt sie es aber nicht fertig, das Thema anzusprechen.

Ich habe bei der Diskussion des ärztlich begleiteten Suizids bereits darauf hingewiesen, dass diese Art, aus dem Leben zu scheiden, auch die sterbewillige Person mit Einsamkeitsgefühlen konfrontieren kann. Wenn die ihr nahestehenden Angehörigen oder Freund:innen den Entschluss, die Unterstützung einer Sterbehilfeorganisation in Anspruch zu nehmen, dezidiert ablehnen, ist die betreffende Person völlig auf sich selbst zurückgeworfen und muss sich in dieser existenziellen Grenzsituation allein mit den dadurch in ihr ausgelösten Einsamkeits- oder auch Schuldgefühlen auseinandersetzen. Es ist in dieser Situation zum einen die völlig allein, ohne jegliche äußere Unterstützung zu treffende Entscheidung, den ärztlich begleiteten Freitod durchzuführen. Hinzu kommt zum anderen, dass die den assistierten Suizid planende Person sich unter Umständen auch mit Schuldgefühlen auseinandersetzen muss, die gegenüber den Zurückbleibenden auftreten, weil diese den Entschluss des selbstbestimmten Sterbens nicht akzeptieren.

Einen Einfluss auf den Sterbeprozess hat auch das *Alter*, in dem der Tod eintritt. Im hohen Alter, durch diverse körperliche Einschränkungen geschwächt und nach länger dauernder schwerer Krankheit zu sterben, ist von anderen Gefühlen begleitet als das Sterben in jungen Jahren.[144] Nach einem erfüllten Leben fällt es den Betreffenden im Allgemeinen leichter und wird häufig sogar geradezu als Erlösung erlebt, aus dem immer beschwerlicher werdenden Leben zu scheiden. Der Abschied stellt deshalb im Allgemeinen für die sterbende Person selbst wie für die Angehörigen keinen so schmerzlichen Schnitt dar wie der Tod eines jungen Menschen oder gar eines Kindes, vor dem noch eine Zukunft mit vielen Möglichkeiten gelegen hätte.

Wie für die Angehörigen und Freund:innen spielen *Rituale* auch für die sterbende Person selbst eine wichtige Rolle. Dies kann beispielweise die Planung der eigenen Beerdigung sein. So gibt es Menschen, die schon früh den Ablauf und den Inhalt ihrer Bestattung bis ins letzte Detail festlegen. Ein solches Verhalten ist nicht als Ausdruck eines zwanghaften Bedürfnisses absoluter, noch über den Tod hinausgehender Kontrolle zu verstehen, sondern es ist eine durchaus konstruktive Art der Auseinandersetzung mit dem bevorstehenden eigenen Tod und ein kommunikativer Akt, der eine Verbindung zu den später an der Trauerfeier teilnehmenden Angehörigen und Freund:innen herstellt.

Fehlen eines tragenden Beziehungsnetzes

Ich habe in diesem Buch bereits in verschiedenen Zusammenhängen darauf hingewiesen, dass die Hauptursache von Einsamkeitsgefühlen das Fehlen eines tragfähigen Beziehungsnetzes ist. Wie die in der Einleitung diskutierte Definition von Einsamkeit zeigt, geht es bei Einsamkeit um die Diskrepanz zwischen den gewünschten und den tatsächlich vorhandenen sozialen Beziehungen. Es ist das subjektive Gefühl eines Mangels, wobei die Betreffenden unter dem Eindruck stehen, dass die vorhandenen sozialen Beziehungen nicht die gewünschte Qualität haben.

Das Gefühl von Einsamkeit entsteht in erster Linie dort, wo Menschen sich vom gesellschaftlichen und kulturellen Leben ausgeschlossen fühlen, sie keine oder, nach ihrem Gefühl, nicht ausreichend erfüllende soziale Kontakte haben und sich isoliert fühlen. Wie diese Formulierung zeigt, ist das Einsamkeitsgefühl die *subjektive Einschätzung* einer Situation, die bei gleichen äußeren Bedingungen von verschiedenen Personen völlig unterschiedlich beurteilt werden kann. Am Ende dieses Kapitels zu den zwischenmenschlichen Ursachen sei nun aber noch auf eine Gruppe von Menschen eingegangen, die nicht nur nach ihrer subjektiven Einschätzung, sondern auch aufgrund einer Beurteilung von außen in extremer Einsamkeit leben.

Es geht um die Menschen, die als *„Obdachlose"* bezeichnet werden, also Personen, die über keinen festen Wohnsitz verfügen und draußen oder in Obdachlosenheimen übernachten. Der Begriff

„Obdachloser“ ist zwar negativ konnotiert, wird aber dennoch im Allgemeinen verwendet, da auch die anderen synonym verwendeten Bezeichnungen wie „Wohnsitzloser“, „Stadtstreicher“, „Vagabund“ oder „Penner“ stark abwertend sind. Von Menschen, die in Obdachlosigkeit leben, sind wohnungslose Personen zu unterscheiden, die keine eigene Wohnung haben, aber woanders, z. B. bei Freunden und Bekannten oder in einem Frauenhaus, Unterkunft finden.

Die Zahl der obdachlosen Personen wird in Deutschland auf 45 000 geschätzt.[145] Dabei ist der Frauenanteil von durchschnittlich 10 % in den letzten Jahren auf 33 % gestiegen. In der Schweiz waren 2022 schätzungsweise 2200 Menschen von Obdachlosigkeit betroffen und etwa 8000 von Wohnungsverlust bedroht. Obdachlose Menschen sind in allen größeren Städten zu finden. Sie schlafen in Hauseingängen, in Garagen oder leerstehenden Gebäuden, unter Brücken, an überdachten Orten, die ihnen wenigstens ein Minimum an Wetterschutz bieten, aber auch auf der Straße oder im Park.

Oft sind obdachlose Menschen abwertenden Kommentaren und Beschimpfungen und immer wieder sogar manifester, gegen sie gerichteter Gewalt ausgesetzt. Die immer wieder in den Medien erscheinenden Berichte über Jugendliche, die Gewalttaten gegenüber Obdachlosen verüben, sind nur die Spitze des Eisbergs. Es hat sich gezeigt, dass Gewalt gegen Obdachlose oft von Gruppen von Jugendlichen mit rechtsextremem Hintergrund ausgeübt wird.[146]

Eine Gruppe von Menschen, die in der öffentlichen Diskussion und sogar von den Einrichtungen der Wohnungslosenhilfe oft übersehen wird, sind *queere Obdachlose.*[147] Die vom Berliner Senat geförderte „Berliner Initiative queerhome“ hat sich des Themas der Wohnungs- und Obdachlosigkeit speziell unter Queers angenommen und versucht, die Lage in Berlin zu verbessern und Wissen zu generieren.

Die *Ursachen* der Obdachlosigkeit sind verschiedener Art. Die häufigsten sind Langzeitarbeitslosigkeit, Überschuldung und dadurch Verlust der Wohnung, Trennung, Scheidung oder Tod eines nahestehenden Menschen sowie Migration und psychische Erkrankung. Die Ursachen können demnach nicht allein im persönlichen Bereich der obdachlosen Menschen gesucht werden. Ihnen liegen vielmehr auch *gesellschaftlich-strukturelle Ursachen* zugrunde, etwa das nach wie vor unzureichende Angebot an bezahlbarem Wohnraum und die weitere Schrumpfung des Sozialwohnungsbestandes. So hat sich in Deutschland der Bestand an Sozialwohnungen in den Jahren 2019 und 2020 weiter reduziert, seit 2017 gibt es eine Schrumpfung des Sozialwohnungsbestands um 90 000 Wohnungen.[148]

Da Obdachlosigkeit die soziale ebenso wie die psychische und körperliche Dimension betrifft, sind ihre *Folgen* in allen diesen Bereichen sichtbar und für die betreffenden Menschen spürbar: körperliche Erkrankungen infolge mangelnder Hygiene, ungesunder/mangelnder Ernährung und dem schutzlosen Ausgeliefertsein gegenüber dem Wetter, des Weiteren psychische Störungen (vor allem Depressionen, Verzweiflung, Resignation und Sucht), außerdem Verlust staatlicher Unterstützung sowie erhöhtes Risiko, Opfer von Diskriminierungen und Gewalt zu werden. Auch im Hinblick auf die Mortalität obdachloser Menschen bestehen große Unterschiede zur Mehrheitsbevölkerung: Gemäß einer österreichischen Studie verringert sich die Lebenserwartung obdachloser Menschen um 20 Jahre![149]

Die Situation obdachloser Menschen ist eines der krassesten Beispiele für ein Leben in Einsamkeit. Wie die oben genannten Gründe der Obdachlosigkeit zeigen, brechen – vor allem durch finanzielle Verluste und einschneidende Trennungserfahrungen – die bisherigen tragenden sozialen Strukturen weg, die betreffenden Personen fallen ins Nichts und führen ein Leben „Am Rand", wie es die Reportagen und Portraits von Klaus Petrus[150] dokumentieren. In eindrücklicher Weise schildert der Autor in Wort und Bild die „Geschichten von Menschen am Rand der Gesellschaft, von Getriebenen, Eigensinnigen, Abgehängten, Unsichtbaren". Diese Menschen stehen „am Abgrund", sind „Abgehängte und Verlorene"[151]. Sie sind „außen vor", wie Klaus Petrus es am Beispiel eines obdachlosen Mannes beschreibt, der „draußen, in einem Park zwischen Stuhl und Bank, vor einer Garage, auf einer Treppe, im Gebüsch, unter der Kornhausbrücke" nächtigt, „lieber das als nichts und garantiert besser als in der Stadt, wo ihn die Polizei zweimal die Nacht aufweckt und fortscheucht"[152].

Berührend sind auch die Autobiografien von Hans Ostwald[153] und Richard Brox[154] sowie eine Reihe von Fotobänden, die das Leben obdachloser Menschen darstellen.[155]

Obdachlose Menschen sind der Gesellschaft auf der einen Seite ein Ärgernis und sollen möglichst unsichtbar bleiben. Auf der anderen Seite dienen sie ihr aber auch als Beweis dafür, dass es wichtig ist, die gesellschaftlichen Forderungen nach Anpassung und Leistung zu erfüllen. In dieser ambivalenten Situation werden sie ins Abseits, „an den Rand", gedrängt und damit in die *nicht nur subjektiv empfundene, sondern auch objektiv bestehende Einsamkeit.*

5. Folgen von Einsamkeit

Bei der Darstellung der verschiedenen Ursachen, die der Entstehung von Einsamkeitsgefühlen zugrunde liegen, habe ich wiederholt auch auf die zum Teil schwerwiegenden Folgen dieser Gefühlslage hingewiesen, die sowohl die psychische als auch die körperliche Gesundheit massiv bedrohen. Die sich aus dem Gefühl der Einsamkeit ergebenden Probleme sollen im Folgenden genauer untersucht werden. Aus darstellungstechnischen Gründen werde ich die psychischen und die körperlichen Folgen zwar voneinander getrennt diskutieren. Tatsächlich jedoch wirken sie eng zusammen und üben in Anbetracht der leib-seelischen Einheit des Menschen wechselseitigen Einfluss aufeinander aus.

In diesem Kapitel geht es zunächst um psychische Phänomene, die sich häufig aufgrund von Einsamkeitsgefühlen entwickeln. Etliche von ihnen wurden in den vorausgehenden Kapiteln zumindest stichwortartig bereits angesprochen. Im Folgenden sollen die wichtigsten dieser psychischen Probleme noch einmal ausführlicher diskutiert werden.

Depressionen

Eine der häufigsten Folgen des Gefühls, einsam zu sein, ist die Depression. Sich ausgeschlossen zu fühlen, nicht am sozialen Leben teilhaben zu können, allein auf sich gestellt zu sein und sich einer ausweglos erscheinenden Situation gegenüberzusehen, führen fast zwangsläufig zu depressiven Verstimmungen. Diese können leichterer Art sein und nur während relativ kurzer Zeit bestehen. Sie können aber auch eine große Intensität erreichen und für Jahre oder sogar Jahrzehnte das Leben der davon betroffenen Person prägen. Depressive Verstimmungen im Zusammenhang mit Einsamkeitsgefühlen finden wir bei praktisch allen in diesem Buch behandelten Themen.

Schwere depressive Verstimmungen infolge von Einsamkeitsgefühlen treten vor allem dort auf, wo es um lang dauernde, unter

Umständen sogar lebenslang bestehende soziale und emotionale Belastungen geht. Ich habe auf solche Entwicklungen bei geistiger und körperlicher Behinderung, bei chronischer Erkrankung, bei Langzeiterwerbslosigkeit und bei traumatisch erlebter Trennung hingewiesen.

Das Problem bei Depressionen in Verbindung mit Einsamkeitsgefühlen besteht vor allem darin, dass die Depression nicht nur Folge der erlebten Einsamkeit ist, sondern ihrerseits oft zu einem noch weiteren Rückzug von sozialen Kontakten führt und damit die Einsamkeitsgefühle verstärkt. Dabei ist zu berücksichtigen, dass insbesondere schwere Depressionen nicht nur mit einer gedrückten Stimmung einhergehen, sondern sich vor allem durch einen Verlust von Aktivität auszeichnen, da keine Energie vorhanden ist, sich auf Kontakte einzulassen. Menschen, die unter schweren Depressionen leiden, ist es deshalb zumeist allein aus energetischen Gründen nicht möglich, sich am sozialen Leben zu beteiligen, was das Gefühl des Ausgeschlossenseins und der Einsamkeit nochmals verstärkt.

Nicht immer ist es indes nur das subjektive Gefühl, ausgeschlossen zu sein, nicht respektiert zu werden und keine Möglichkeit zu haben, die Situation zu ändern, was zu Einsamkeitsgefühlen und in ihrer Folge zu Depressionen führt. Bei der Diskussion der globalen und gesellschaftlichen Ursachen habe ich darauf hingewiesen, dass diese Faktoren gerade deshalb so belastend sind – und dadurch zu Depressionen führend –, weil wir Menschen ihnen weitgehend machtlos gegenüberstehen und keine konkreten, durchführbaren Möglichkeiten sehen, ihnen wirkungsvoll zu begegnen.

Aber auch in Bezug auf die individuellen Ursachen gibt es Konstellationen, die nicht einfach zu ändern sind. Allenfalls können die betroffenen Menschen sich Strategien aneignen, wie sie möglichst unbeschadet, ohne Depressionen zu entwickeln, mit ihnen umgehen können. Dies ist beispielsweise die Situation, mit der queere Personen (Lesben, Schwule, Transgender) sich vielfach konfrontiert sehen, wenn sie in einer Gesellschaft leben, die sie in sozialer und rechtlicher Hinsicht nicht wie die Mehrheitsbevölkerung gleichbehandelt oder sie sogar, wie bei Transgendern in vielen Ländern, einer extremen Fremdbestimmung aussetzt.

In solchen Situationen kann die aus der Machtlosigkeit entstehende Depression infolge von Einsamkeitsgefühlen zu einer resignativ-passiven Haltung im Sinne von „Es hat doch alles keinen Sinn“

führen. Was eine zielgerichtete Aktivität bremst oder sogar völlig verunmöglicht, ist der Eindruck der betreffenden Person, letztlich keine Änderung der belastenden Situation bewirken zu können.

Wie ich in Kapitel 1 ausgeführt habe, kann eine solche depressiv-resignative Stimmung selbst bei Klimaaktivist:innen auftreten, die doch eigentlich als Aktivist:innen von einem starken Bedürfnis erfüllt sind, wirkungsvoll etwas zum Klimaschutz beizutragen. Nicht einmal diese Strategie der Selbstwirksamkeit (d. h. der Überzeugung, selbst etwas bewirken zu können), die im Allgemeinen ein hilfreicher Schutz vor Depressionen ist, hat bei etlichen von ihnen die Entwicklung von Depressionen verhindern können. Dies war eine Folge ihrer Erfahrung, immer wieder trotz ihres großen Einsatzes zu erleben, dass sich politisch wenig bis nichts ändert und die Maßnahmen, die zum Klimaschutz ergriffen werden, nicht einmal ansatzweise das bewirken, was unbedingt nötig wäre. Die Folge können, wie es die schon zitierte Studie „Junge Menschen in der Klimakrise" zeigt, Gefühle der Depression, der Mutlosigkeit und der Resignation im Sinne eines Burn-outs („Activism Burn-out") sein.

Ähnliche Gefühle der Hoffnungslosigkeit und Resignation bemächtigen sich auch der Menschen, die in Armut und Wohnungslosigkeit geraten sind, aus denen ein Ausstieg oft kaum gelingt. Gerade in solchen Situationen verschärft sich die Gefühlslage der davon betroffenen Personen noch durch die Scham, die sie empfinden, da sie die in unserer westlichen Gesellschaft propagierte Norm, speziell Männer müssten beruflich und finanziell erfolgreich sein, verinnerlicht haben und ihre finanzielle Misere und die Wohnungslosigkeit als persönliches Versagen erleben. Dies wiederum verstärkt die Depressionen, zu denen nun auch noch Schuld- und Schamgefühle hinzukommen.

Scham- und Schuldgefühle

Neben Depressionen kommt den Schuld- und Schamgefühlen als Folge von Einsamkeitsgefühlen große Bedeutung zu. Ich habe in verschiedenen Kapiteln schon einiges zum Erleben von Scham ausgeführt, möchte aber hier noch einmal etwas ausführlicher auf dieses Gefühl eingehen.

Scham ist eines der unangenehmsten Gefühle. Sie kann in unterschiedlicher Intensität, begleitet von vegetativen Reaktionen, auftreten und ist mit der Angst verbunden, von anderen Menschen bloßgestellt, verachtet und lächerlich gemacht zu werden. Kennzeichnend für das Schamgefühl ist das Erleben der eigenen Unzulänglichkeit. Scham führt dadurch zu einer Verletzung des Selbstwerterlebens.

Es ist in diesem Zusammenhang noch einmal auf die Aussage der US-amerikanischen Autorin Brené Brown hinzuweisen, die in einem Video davon spricht, dass Scham die Angst vor Zugehörigkeitsverlust sei.[156] In einem ähnlichen Sinn charakterisiert der Psychoanalytiker Leon Wurmser die Scham als das Gefühl, nicht gesehen zu werden, in seiner Individualität unsichtbar zu sein und des Respekts beraubt zu werden.[157] Der Kommunikationsverlust, der auch den Kern von Einsamkeitsgefühlen darstellt, wird somit als eine zentrale Infragestellung der eigenen Person und damit als Verletzung des Selbstwerterlebens empfunden.

Während es bei Scham um Selbstablehnung und um eine zentrale Infragestellung der eigenen Person geht, entstehen Schuldgefühle, wenn eine Person die ihr von außen oder von sich selbst gesetzten Ziele und Erwartungen nicht erfüllt. Die Ursache von Schuldgefühlen sind Verstöße gegen bestimmte Normen und Gebote und/oder die Wahrnehmung, eine sittliche Pflicht nicht erfüllt zu haben. Im Fall von – zumindest subjektiv so empfundenen – schweren Verstößen gegen die eigenen Normen können Schuldgefühle auch Scham auslösen.

Warum aber tauchen Scham- und Schuldgefühle sowie ein Verlust von Selbstwert im Zusammenhang mit Einsamkeitsgefühlen auf? Leidet die Person, die sich einsam und ausgeschlossen fühlt, nicht schon genug? Muss sie sich dazu auch noch durch Scham- und Schuldgefühle quälen? Dass es zu dieser unheilvollen Kombination von Einsamkeits-, Scham- und Schuldgefühlen kommt, liegt daran, dass in unserer Gesellschaft von Menschen erwartet wird, dass sie stark, gesund und kommunikativ sind. Wenn eine Person aufgrund von Krankheit, Behinderung, Armut oder anderen schwierigen Lebensumständen, die ich in den verschiedenen Kapiteln diskutiert habe, diese Erwartungen nicht erfüllen kann und Einsamkeitsgefühle erlebt, verstößt sie gegen diese normativen gesellschaftlichen Forderungen und ist mehrfach stigmatisiert.

Das Unheilvolle dabei ist, dass sie selbst diese Normen verinnerlicht hat und davon überzeugt ist, dass es berechtigte Forderungen sind, die auch sie erfüllen kann und muss. Wenn die Person diese Normen nicht erfüllt, hat sie Schuldgefühle wegen des vermeintlich selbst herbeigeführten Elends, in dem sie lebt. Hinzu kommt die Scham wegen des als eigene „Schwäche" empfundenen Verhaltens und der Einsamkeitsgefühle, die ebenfalls als „Schwäche" interpretiert werden. Das Ganze ist im Allgemeinen von einem Selbstwertverlust begleitet, der das Leiden der betreffenden Person nochmals vergrößert. Ich habe diese Dynamik am Beispiel von Armut, Wohnungslosigkeit und Krankheit diskutiert.

Ähnlich wie bei der Depression ziehen sich Menschen, die wegen ihrer Einsamkeit Scham- und Schuldgefühle erleben, oft noch weiter von ihren Mitmenschen zurück, sodass ein Teufelskreis mit immer stärker werdenden Einsamkeitsgefühlen entsteht. Dabei ist der soziale Rückzug für die betreffende Person auf der einen Seite ein Mittel, sich den Situationen zu entziehen, die sie beschämen könnten. Insofern dient der Rückzug dem Schutz vor Schamgefühlen. Auf der anderen Seite aber verstärkt dieser Rückzug gerade das Gefühl, sich als schwach und insuffizient wahrzunehmen, was die Scham- und Schuldgefühle nochmals verstärkt.

Bei dieser Dynamik kommt oft noch ein weiterer, die Situation erschwerender Faktor hinzu: Die verinnerlichte gesellschaftliche Erwartung, jeder Mensch müsse eine möglichst große Anzahl von sozialen Beziehungen pflegen, führt bei Menschen, die unter Einsamkeitsgefühlen leiden, mitunter zur Annahme, sie seien nicht beziehungsfähig. Diese negative Selbsteinschätzung wirkt sich nochmals destabilisierend auf ihr Selbstwerterleben aus und verstärkt ihre Depressionen sowie ihre Scham- und Schuldgefühle.

Leeregefühle

Wie die Diskussion der verschiedenen Ursachen von Einsamkeitsgefühlen gezeigt hat, geht es dabei im Letzten immer um das Erleben, von der emotionalen Verbundenheit mit anderen Menschen sowie von den sozialen und kulturellen Anlässen und den finanziellen Möglichkeiten, die die Mehrheitsgesellschaft hat, ausgeschlossen zu sein. Neben der Erfahrung der Benachteiligung ist damit das

Gefühl eines Verlusts verbunden. Materiell, sozial und/oder emotional ungleich behandelt zu werden, hinterlässt immer auch ein Gefühl der Leere.

Dies ist ganz offensichtlich bei Trennungen, bei denen durch den Beziehungsabbruch eine Leerstelle entstanden ist, aber auch beim Verlust des Arbeitsplatzes oder bei Flüchtlingen, die ihre Heimat und die dort zurückgebliebenen Angehörigen und Freund:innen verloren haben. Gerade auch depressive Verstimmungen gehen typischerweise mit Leeregefühlen einher (als „Gefühl der Gefühllosigkeit“ beschrieben), und es gibt eine Leere, die im Zusammenhang mit Selbstwertproblemen entsteht.

Menschen, die unter Einsamkeitsgefühlen leiden, sehen sich also oft einem Leeregefühl gegenüber, das aus verschiedenen Quellen gespeist wird. Es sind besonders quälende Gefühle, da sie den davon betroffenen Menschen stets aufs Neue ihre verzweifelte Lage vor Augen führen. Zudem macht die im Allgemeinen mit den Leeregefühlen verbundene Hoffnungslosigkeit oft jegliche Vorstellung zunichte, dass es einmal besser werden könnte und es möglich wäre, wieder Zugang zu anderen Menschen zu finden. Auf diese Weise kann sich, wie bei der Depression und den Scham- und Schuldgefühlen, auch im Zusammenhang mit den Leeregefühlen ein Teufelskreis entwickeln, der konstruktive Lösungen erheblich erschwert.

Angst vor Nähe

Wenn Menschen emotional und sozial ausgeschlossen werden oder sich selbst wegen Depressionen sowie Scham-, Schuld- und Leeregefühlen von der Umwelt zurückziehen, hat dies auf die Dauer unheilvolle Folgen. Es kommt auf diese Weise zu einer Entwöhnung von sozialen Kontakten, und über kurz oder lang entsteht eine ausgesprochene Angst vor Nähe. Diese Angst wiederum führt zu nochmals stärkerer sozialer und emotionaler Abkapselung und diese dann zu noch größerer Angst vor Nähe.

Denn auch das Zulassen emotionaler Nähe und das Führen sozialer Kontakte unterliegen Lernprozessen und können demnach auch wieder verlernt werden. Die Folge eines länger andauernden sozialen Rückzugs oder des Ausgeschlossenseins durch eine ablehnende Umgebung ist eine Entwöhnung von sozialen Kontakten. Was nicht gebraucht und nicht permanent geübt wird, verkümmert nach und nach, und so kommt es mit der Zeit zu einer Unfähigkeit, diese Funktionen einzusetzen. Dies ist ähnlich wie im somatischen Bereich bei einer Muskelatrophie, wenn bestimmte Muskeln wegen einer Ruhigstellung von Gliedmaßen, z. B. durch einen Gipsverband, eine Zeit lang nicht aktiviert werden können.

Da wir Menschen für unser Wohlbefinden auf soziale Kontakte angewiesen sind – schon Aristoteles sprach vom Menschen als dem *zoon politikon*, dem sozialen Lebewesen –, ist ein solcher Verlust sozialer Fähigkeiten eine schwerwiegende Einbuße und führt zu erheblichen emotionalen Problemen.

Die Folge einer derartigen Entwicklung ist die zunehmende Angst vor Nähe. Diese Angst rührt zum einen von der „Entwöhnung" von sozialen Kontakten her. Mitmenschliche Nähe ist im Verlauf der Zeit zu etwas Fremdem, gefährlich Erscheinendem geworden. Zum anderen fürchtet eine solche Person aber auch, erneut zutiefst verletzt zu werden, wenn sie sich auf engere soziale Kontakte einlässt.

Außerdem verringert sich durch diese Angst die Anzahl sozialer Kontakte immer mehr, was zu verstärkten Einsamkeitsgefühlen führt. Auf diese Weise kann es geradezu zu einer Versteinerung der Persönlichkeit kommen, die sich völlig in sich selbst zurückzieht und sozial gleichsam unsichtbar wird. Dies ist eine Entwicklung, die wir beispielsweise bei Menschen finden, die während längerer Zeit wohnungslos sind und ihr Leben irgendwo auf der Straße, „am Rand" der Gesellschaft führen.

Angst und Verheimlichungsstress

Die bisher beschriebenen Folgen von Einsamkeitsgefühlen stellen nicht nur als Gefühle an sich eine Belastung für die betreffenden Menschen dar. Sie wirken sich auch insofern problematisch aus, als die davon betroffenen Personen infolge der Stigmatisierung von Depressionen, Angst, Selbstwertproblemen und Einsamkeitsgefühlen versuchen, diese Gefühle so weit wie möglich zu verheimlichen. Ich habe in diesem Buch bereits mehrfach auf den Verheimlichungsstress[158] hingewiesen, der eine zusätzliche, erhebliche emotionale Belastung darstellt. Unter Verheimlichungsstress stehen diejenigen Menschen, die sich ihrer selbst wegen der Zugehörigkeit zu einer von ihrem sozialen Umfeld abgelehnten Gruppe – etwa der von Armut betroffenen oder queeren Menschen – schämen. Sie versuchen deshalb, die Merkmale, an denen sie „erkannt" werden könnten (z. B. unter Ängsten oder depressiven Verstimmungen zu leiden), unter allen Umständen zu verheimlichen.

Wie diese Beschreibung zeigt, tritt der Verheimlichungsstress gemäß I. H. Meyer häufig zusammen mit dem „Minority Stress" auf. Dieser „Minoritätenstress" ist eine emotional sehr belastende Art von Stress, dem Angehörige von stigmatisierten sozialen Gruppen aufgrund ihrer sozialen Minderheitenposition ausgesetzt sind. Er setzt sich zusammen aus der gesellschaftlichen Stigmatisierung, der Erfahrung von Diskriminierung und Gewalt sowie den verinnerlichten negativen Bildern von der eigenen Gruppe, wie die Umgebung sie – negativ – charakterisiert.

Wie Melanie Steffens und Petra Geisler[159] am Beispiel vom Minoritäten- und Verheimlichungsstress bei queeren Personen darstellen, liegt das Problem bei diesen Stressarten darin, dass sie in dreifacher Art wirken und sich dadurch potenzieren: Sie sind chronisch (sie unterliegen stabilen sozialen und kulturellen Strukturen), sozial basiert (sie basieren auf sozialen Prozessen, Institutionen und Strukturen) und speziell (sie kommen additiv zu den generellen belastenden Faktoren hinzu, denen alle Menschen ausgesetzt sind).

Ich habe die Rolle, die Verheimlichungs- und Minoritäten-Stress im Zusammenhang mit Einsamkeitsgefühlen spielen, am Beispiel von Menschen dargestellt, deren sexuelle Orientierungen und Geschlechtsidentitäten von denen der Mehrheitsgesellschaft abweichen. Die gleiche Dynamik können wir aber auch bei Personen finden, die ihre Arbeitsstelle verloren haben und dies aus Scham über diesen als selbst verschuldet interpretierten Verlust vor ihrer Umgebung, selbst vor nächsten Angehörigen – unter Umständen sogar über einen langen Zeitraum hinweg – verheimlichen. Je länger die Verheimlichung aufrechterhalten wird, desto größer wird die Belastung, da es immer schwieriger wird, die Umgebung über die Realität zu täuschen. Ähnlich ist es im Fall von der Verheimlichung einer negativ konnotierten Erkrankung oder Infektion, beispielweise HIV, oder einer Trennung, die gegenüber der Umgebung geheim gehalten wird.

Sich einsam zu fühlen, depressiv und mit Angst darauf zu reagieren, sich der eigenen Situation zu schämen und sich zu verachten, ist unerträglich. Um diese extrem belastenden unangenehmen Gefühle nicht spüren zu müssen, kommt es immer wieder zum Einsatz von Suchtmitteln.

Eines der häufigsten Suchtmittel, weil leicht erreichbar und schnell wirksam, ist der Alkohol. Ich habe im Abschnitt über das höhere Alter auf die Gefahr einer solchen Suchtentwicklung hingewiesen. Bei der Diskussion über Suchtverhalten wird oft übersehen, dass es sich dabei um eine Erkrankung handelt und moralische Appelle nichts nützen, sondern im Gegenteil die von einem Suchtmittel abhängige Person noch zusätzlich unter Druck setzt, da sie sich selbst schon Vorwürfe wegen ihrer Sucht macht.

Der Beginn eines süchtigen Verhaltens ist oft der Versuch, das Suchtmittel, z. B. Alkohol, wie ein Medikament einzusetzen, mit dessen Hilfe ein unerträglicher Gefühlszustand behoben werden soll. Da dies durch die Einnahme des Suchtmittels tatsächlich zumindest vorübergehend ein Stück weit gelingt, ist das Verlangen, dies zu wiederholen, groß und es kommt zu einer Suchtentwicklung.

Zum einen führt Alkohol wie auch der Missbrauch von Medikamenten mehr oder weniger schnell zu einer körperlichen und psychischen Abhängigkeit, aus der sich die Betreffenden oft nur mit großer Mühe befreien können. Beim Missbrauch von Barbituraten und ähnlichen Medikamenten sowie bei langjährigem Alkoholmissbrauch ist ein Entzug nur unter ärztlicher Aufsicht in einer Klinik möglich. Zum anderen haben diese Suchtmittel aber auch – zum Teil sogar schwerwiegende – negative körperliche Auswirkungen, indem sie zu Schädigungen verschiedener Organe, oft auch zu Hirnschädigungen führen. Dem Gewinn, sich zumindest zeitweise vor den unangenehmen Gefühlen von Depression, Angst und Einsamkeit zu schützen, steht der enorme Nachteil gegenüber, sich durch das Suchtmittel psychisch und körperlich zu schädigen. Hinzu kommen Schuld- und Schamgefühle wegen des Suchtverhaltens.

Es sind indes nicht nur die substanzgebundenen Süchte wie z. B. das Rauchen oder die Alkohol- und Medikamentenabhängigkeit, die wir als Folge von Einsamkeitsgefühlen beobachten. Eine große Bedeutung haben bei Menschen, die unter Einsamkeit leiden, auch die Verhaltenssüchte, etwa ein süchtiger Internetkonsum, aber auch süchtiges Zocken von Geld- und Videospielen im Internet. Die Kriterien für das Vorliegen einer Verhaltenssucht sind im Wesentlichen die gleichen wie bei den substanzgebundenen Süchten: Die Kontrolle über das Verhalten geht verloren, das süchtige Verhalten wird fortschreitend zum Mittelpunkt des Lebens, und darüber werden die täglichen Verpflichtungen vernachlässigt.

Wie die substanzgebundenen Süchte führen auch die Verhaltenssüchte zu psychischen, körperlichen und finanziellen Problemen. Es geht um die psychische Abhängigkeit von der betreffenden Tätigkeit, z. B. vom Surfen im Internet, um die körperlichen Auswirkungen aufgrund von verstärktem Alkoholgenuss, Rauchen oder stundenlangem Sitzen in einer ungesunden Haltung am Computer bis in die Morgenstunden hinein sowie um finanzielle Einbußen aufgrund von Glücksspielen oder exzessivem, süchtigem Kaufen von Produkten im Internet.

In Anbetracht des Fehlens von sozialen Kontakten bei Menschen, die unter Einsamkeitsgefühlen leiden, stellt das Surfen auf Pornoseiten und in Partner:innensuchportalen im Internet eine Kompensationsmöglichkeit dar. Ich habe dieses Verhalten am Beispiel des betagten Mannes im Abschnitt über Alter und Einsamkeitsgefühle beschrieben. Exzessiver Internetkonsum ist aber ein Phänomen, das sich auch bei anderen Menschen, die unter Einsamkeitsgefühlen leiden, gehäuft findet.

Das Surfen im Internet ersetzt vereinsamten Menschen die realen Kontakte. Zumindest vermitteln die virtuellen Kontakte den betreffenden Menschen den Eindruck, sie seien sozial vernetzt und hätten einen großen Kreis von „Freunden", wenn etwa bei Facebook die Personen genannt werden, die sich miteinander verlinken. Wie ich am Beispiel einer Jugendlichen in Kapitel 3 gezeigt habe, kann jedoch gerade das Surfen im Internet das Gefühl von Einsamkeit verstärken, indem die einsame Person erfährt und anhand von dort gezeigten Bildern sieht, was andere Personen unternehmen und welche Kontakte sie pflegen. Zudem führt das Surfen auf solchen Seiten oft längst nicht zu realen Kontakten. Diese sind, je nach Konzept der Portale, unter Umständen auch gar nicht intendiert, sondern es geht nur um einen virtuellen Austausch mit anderen, mitunter Tausende von Kilometern entfernt lebenden Besuchern dieser Seiten.

Sehr verletzend kann sich in diesem Zusammenhang auch das im Internet recht häufig auftretende „Ghosting“ auswirken. Ich habe im Zusammenhang mit dem Thema der plötzlich und ohne Vorankündigung erfolgenden Beziehungsabbrüche auf dieses Phänomen hingewiesen. Oft wissen die Personen, gegen die sich das Ghosting im Internet richtet, nicht, weshalb sie „geblockt“ werden. Ein Nachfragen ist nicht möglich, da die Verbindung zwischen den bisherigen „Partner:innen“ gekappt und gesperrt worden ist. Das gehäuft in den Chaträumen und auf Partner:innensuchportalen auftretende Ghosting lässt die Person, die davon betroffen ist, in diesem Moment schmerzlich spüren, wie unverbindlich die dort geknüpften Beziehungen sind.

Die forcierte Suche nach Kontakten

Eine Strategie, sich gegen die Gefühle der Einsamkeit und des Ausgeschlossenseins zu wehren, ist die forcierte Suche nach Kontakten. Man könnte solche Aktionen als durchaus sinnvolle Versuche verstehen, sich nicht resignativ in die Situation des Einsamseins zu schicken, sondern alle Möglichkeiten auszuschöpfen, in Kontakt mit anderen Menschen zu treten. Es geht im Fall einer solchen sozialen Hyperaktivität jedoch nicht um den konstruktiven Versuch, Beziehungen zu anderen Menschen anzuknüpfen und zu pflegen, sondern um eine forcierte Art, um jeden Preis Kontakt zu anderen Menschen herzustellen.

Dies können reale Beziehungen sein, ebenso aber auch virtuelle Kontakte. Für die Person, die in forcierter Weise nach Partner:innen sucht, ist es das Wichtigste, sich durch eine Beziehung, egal ob real oder virtuell, vor dem quälenden Gefühl der Einsamkeit zu schützen. Dahinter steht die Hoffnung, endlich einen Menschen zu finden, der ihr all das geben kann, was sie bisher in ihrem Leben vermisst hat. Diese Formulierung zeigt, dass eine solche Beziehung mit letztlich unerfüllbaren Erwartungen überladen ist und dadurch tragischerweise von Anfang an zum Scheitern verurteilt ist.

Letztlich ist die forcierte Suche nach Kontakt keine sinnvolle Strategie. Es sind Aktionen, wie ich sie bei den Verhaltenssüchten in Form eines exzessiven Surfens im Internet beschrieben habe. Es geht der Person, die sich so verhält, im Grunde nicht um eine bestimmte Partnerin oder einen bestimmten Partner, sondern lediglich darum, irgendeinen Menschen zu finden, der die innere Leere der einsamen Person füllen soll. Da es häufig willkürlich eingegangene Beziehungen zu im Grunde austauschbaren Personen sind, erweisen sie sich im Allgemeinen nicht als tragfähig und werden von der einen oder anderen Seite schnell wieder abgebrochen.

Dies bestätigt unglückseligerweise die Vorstellung der sich einsam fühlenden Person, letztlich sei auf niemanden Verlass, und führt unter Umständen zu einem noch forcierteren Suchen nach Kontakten. Durch das mitunter geradezu suchtartige Suchen nach Beziehungen möchte die unter Einsamkeit leidende Person gerade diese tief in ihr bestehende Angst, abgelehnt zu werden und nicht beziehungsfähig zu sein, bewältigen – und erlebt nun aber in den immer wieder erfolgenden Beziehungsabbrüchen eine Bestätigung ihrer Ängste. Insofern ist die Strategie forcierter Kontaktsuche nicht nur ungeeignet, sondern auch kontraproduktiv, da sie genau das zu beweisen scheint, was die betreffende Person am meisten fürchtet.

Eine Reaktion auf derartige Erfahrungen kann ein resignativer Rückzug sein, ein verbittertes Sich-total-Abkapseln von der Umgebung. Wenn eine solche forciert suchende Person erleben muss, dass all diese Versuche nichts bringen und sie noch einsamer als zuvor zurückbleibt, kann es auch zu einem psychischen Zusammenbruch kommen. Die psychische Dekompensation kann dann unter Umständen auch in eine schwere suizidale Krise führen. Motive der Suizidalität sind hier depressive Gefühle wegen der Aussichtslosigkeit, etwas ändern zu können, Schamgefühle wegen des Verhaltens, das die betreffende Person rückblickend als beschämend empfindet, und Wut auf sich selbst, weil alles nichts gebracht hat.

Suizidalität

Eine der schlimmsten, gefährlichsten Folgen von Einsamkeitsgefühlen ist die erwähnte Suizidalität. Die Vorstellung eines Menschen, das Leben habe keinen Sinn mehr, taucht meist im Zusammenhang mit schweren Depressionen auf, kann aber auch Folge eines unerträglichen Leeregefühls und nicht mehr auszuhaltender

Schamgefühle sein. Suizidale Gedanken und Impulse treten im Allgemeinen dann auf, wenn die betreffende Person keinen Ausweg mehr aus ihrer desolaten Situation sieht.

Dies kann letztlich in allen in diesem Buch geschilderten Situationen der Fall sein, bei extremer Armut und sozialer Ausgrenzung, bei schwerwiegenden Erkrankungen, Altersproblemen, beruflichen Misserfolgen sowie bei Trennungen und beim Tod geliebter Menschen. Eine Hauptgefahr liegt darin, dass gerade vereinsamte Menschen niemanden in ihrer Nähe haben, der auf ihre Suizidalität aufmerksam werden kann und dem gegenüber sie ihre Verzweiflung ausdrücken und ihre Suizidalität mitteilen können. In dieser Situation auf sich selbst zurückgeworfen und von sozialen Kontakten weitgehend abgeschnitten zu sein, macht es für die suizidale Person extrem schwierig und lässt die Verzweiflung noch stärker werden. In solchen Momenten spürt der betreffende Mensch besonders schmerzlich seine Einsamkeit.

Körperliche Erkrankungen

Leuchtet es ohne Weiteres ein, dass Einsamkeitsgefühle eine starke Wirkung auf die psychische Gesundheit haben, so erscheint der Zusammenhang zwischen dem Erleben von Einsamkeit und körperlichen Erkrankungen weniger naheliegend. Dennoch liegt uns heute eine große Zahl von Studien vor, die eindeutig nachweisen, dass vor allem sich über längere Zeit erstreckende Einsamkeitsgefühle zu – zum Teil sogar schwerwiegenden – körperlichen Erkrankungen führen.

Mitunter wird in den Medien davon in reißerischer Form berichtet. Überzogen heißt es auch im Klappentext von Manfred Spitzers Buch *Einsamkeit. Die unerkannte Krankheit*[160]: „Einsamkeit ist [...] ansteckend und breitet sich wie eine Epidemie aus [...]. Einsamkeit ist die Todesursache Nummer eins in den westlichen Ländern" – eine These, die in dieser radikalen Form allerdings von Fachleuten nicht allgemein akzeptiert wird.

Einen Markstein in der Auseinandersetzung mit der Frage, ob, in welchem Ausmaß und in welcher Weise Einsamkeitsgefühle sich auf die körperliche Gesundheit auswirken, stellt die Studie „Social relationships and health" von House et al.[161] dar, die im Jahr 1988 in der renommierten Fachzeitschrift *Science* publiziert wurde. Die Studie kommt zu dem Schluss, dass lang andauernde Einsamkeit zu einer deutlichen Steigerung von Morbidität und Mortalität führt. Wer einsam ist, wird häufiger krank und stirbt deutlich früher.

Darauf, dass durch die Erkrankungen in der Folge von Einsamkeitsgefühlen den betroffenen Personen wie auch der Allgemeinheit erhebliche Kosten entstehen, haben Fulton und Jupp[162] hingewiesen. Die Autoren schätzen die Gesamtkosten für chronische Einsamkeit mittelfristig (15 Jahre) auf umgerechnet etwa 16 300 € pro Person im Vergleich zu Personen, die nicht einsam sind. Etwa 40 % der geschätzten Kosten traten innerhalb der ersten fünf Jahre der chronischen Einsamkeit auf, und etwa 20 % der geschätzten Kosten waren mit der stationären Pflege verbunden.

Diese Publikationen waren der Auftakt für eine jahrzehntelange Forschung zu den gesundheitlichen Folgen von Einsamkeit. Übereinstimmend kommen die betreffenden Autor:innen zu dem Schluss, dass sich vor allem längere Zeit andauernde Einsamkeitsgefühle negativ auf die Gesundheit auswirken.

So haben beispielsweise John T. Cacioppo und William H. Patrick diese Zusammenhänge mit Hilfe von bildgebenden Verfahren sowie durch Analysen von Blutdruck, Immunreaktion, Stresshormonspiegel, Verhaltensweisen und genetischen Faktoren untersucht und die Befunde in ihrem Buch *Einsamkeit. Woher sie kommt, was sie bewirkt, wie man ihr entrinnt*[163] dargestellt. Ihre Arbeit zeigt, wie wichtig für uns Menschen die soziale Interaktion ist und dass anhaltende Einsamkeit ebenso schädlich für unsere Gesundheit sein kann wie Rauchen oder Übergewicht.

Im Einzelnen haben sich die folgenden Zusammenhänge identifizieren lassen:[164] Einsamkeit führt in einem vergleichbaren Ausmaß wie Tabakkonsum zu früherer Mortalität. Sie steht in Zusammenhang mit einem höheren Risiko von Inaktivität, Rauchen oder risikobehaftetem Verhalten, Herzinfarkt und Schlaganfall. Zudem wird vermutet, dass privaten Arbeitgeber:innen aufgrund von Einsamkeit ihrer Mitarbeitenden nicht zu vernachlässigende Kosten entstehen. Diese Einbußen sind maßgeblich auf Fehlzeiten und Produktivitätsverluste zurückzuführen.[165]

In einem Artikel im *Deutschen Ärzteblatt* wird auf eine Studie in *Science* verwiesen, in der es heißt, Einsamkeit sei „gleichbedeutend mit permanentem Stress. Im Vergleich zu nicht einsamen Menschen schlafen einsame schlechter und können sich weniger gut erholen. Sie ernähren sich außerdem ungesünder, konsumieren mehr Alkohol und Zigaretten und bewegen sich weniger. Darüber hinaus leiden sie häufiger unter Herz-Kreislauf-Erkrankungen und Depressionen, klagen über ein verringertes Wohlbefinden und über eine schlechte Lebensqualität, haben ein geschwächtes Immunsystem, mehr Suizidgedanken und sterben früher."[166] Diese Befunde stimmen mit den Beobachtungen anderer Autor:innen überein, die ebenfalls auf ein erhöhtes Risiko für Schlaganfälle und kardiovaskuläre Erkrankungen hinweisen. Der unfreiwillige Mangel an Kontakten und die Gefühle der Einsamkeit führen aufgrund des dadurch bedingten anhaltenden Stresses zu erheblichen körperlichen Belastungen und aufgrund dessen zu den genannten körperlichen, zum Teil lebensbedrohenden Erkrankungen.[167]

Wie ich bei der Diskussion der verschiedenen Ursachen von Einsamkeitsgefühlen in den Kapiteln 1 bis 4 ausgeführt habe, entsteht häufig ein Teufelskreis, indem die Belastungen durch Alter, Armut, Krankheit, einschneidende Trennungserfahrungen und Diskriminierungen zu Einsamkeitsgefühlen führen, diese gesundheitliche Probleme zur Folge haben, die dann ihrerseits wiederum die psychischen und sozialen Konflikte und die körperlichen Belastungen verschärfen, was zu einer Intensivierung der Einsamkeitsgefühle führt. Es ist also zu bedenken, dass nicht nur Einsamkeit zu den genannten körperlichen Beschwerden führen kann, sondern dass umgekehrt Einsamkeitsgefühle auch die Folge eines schlechten Gesundheitszustands sein können.[168]

Sozialer Abstieg

Etliche der individuellen und zwischenmenschlichen Ursachen bei der Entstehung von Einsamkeitsgefühlen haben nicht nur negative Auswirkungen auf die psychische und körperliche Gesundheit. Namentlich Armut mit seinen Folgeerscheinungen (Wohnungslosigkeit, Nicht-Teilhabe an den sozialen und kulturellen Angeboten der Gesellschaft, Diskriminierung etc.), Migration sowie chronische psychische und körperliche Erkrankungen sind oft auch der Grund für einen sozialen Abstieg. Die Betreffenden sind nicht mehr in der Lage, ihr soziales und berufliches Leben in der gewohnten

Art weiterzuführen und geraten immer tiefer in soziale Schwierigkeiten.

In diesem Prozess treten vermehrte oder längere Krankenhausaufenthalte und häufigere Arztbesuche auf, und es erhöht sich die Wahrscheinlichkeit, häuslich gepflegt werden zu müssen, wodurch der betreffenden Person, aber auch der Öffentlichkeit erhebliche Kosten entstehen.[169] Im Arbeitskontext kann Einsamkeit mit einer geringeren Arbeitsleistung in Verbindung gebracht werden. Auf die Kosten, die aufgrund der Einsamkeitsgefühle durch Fehlzeiten und Produktivitätsverluste entstehen, habe ich oben bereits hingewiesen.

Der soziale Abstieg hat seinerseits einen starken negativen Einfluss auf die psychische und körperliche Gesundheit des betreffenden Menschen, bringt er doch eine Fülle weiterer Belastungen (finanzielle Probleme, Ausgeschlossensein von vielen Aktivitäten, die sich diese Person dann nicht mehr leisten kann, Scham, ungesunde Lebensweise und Ernährung sowie körperliche und psychische Erkrankungen) mit sich. Diese Belastungen verstärken wiederum die Einsamkeitsgefühle und können dadurch zu einem noch weiteren sozialen Abstieg führen.

Kann Einsamkeit auch etwas Positives bedeuten?

Der Begriff „Einsamkeit“ ist im Allgemeinen mit negativen Bildern und Gefühlen konnotiert und wird, gemäß der Definition von Luhmann, als subjektiv wahrgenommene Diskrepanz zwischen tatsächlichen und erwünschten Beziehungen verstanden.[170] Im wissenschaftlichen Bereich wird der Begriff Einsamkeit auch nur in dieser negativen Bedeutung verwendet. In den bisherigen Ausführungen bin ich fast ausnahmslos auf diesen Aspekt eingegangen. Im Sinne einer ganzheitlichen Sicht ist es jedoch wichtig, sich die Frage zu stellen, ob Einsamkeit nicht auch positive Seiten hat.[171] Tatsächlich gibt es durchaus positive Aspekte der Einsamkeit, auf die ich im Folgenden eingehen möchte.

Ich habe bereits in der Einleitung und in verschiedenen Kapiteln erwähnt, dass Einsamkeit eine existenzielle menschliche Grunderfahrung ist, die in Philosophie, Literatur und bildender Kunst von jeher eine große Rolle gespielt hat. Wie Bohn in ihrer Studie zur Einsamkeit in einem historischen Überblick ausführt, war Einsamkeit in früheren Zeiten vor allem im religiösen Kontext positiv konnotiert, etwa in der Mystik, in der Einsamkeit als unabdingbare und notwendige Voraussetzung dafür galt, in der Tiefe der eigenen Seele die Einheit mit Gott zu erfahren.[172] Auf diese positive religiöse Konnotation weist auch der Schriftsteller Leo Tolstoi hin: „Je einsamer jemand ist, desto deutlicher hört er die Stimme Gottes."[173]

In der Aufklärung ist es laut Bohn zu einem Säkularisierungsprozess der Einsamkeit gekommen. Das Zurückgezogensein habe nun das Ziel persönlicher Vervollkommnung gehabt. Schöpferisches Tun und Geistesarbeit erforderten Einsamkeit. Die Einsamkeit habe dem Rückzug von der Gesellschaft gedient und sei in dieser Zeit als Form echter Freiheit empfunden worden.[174]

Auch in den östlichen Religionen Buddhismus und Hinduismus findet man Rituale, die in Isolation und Abgeschiedenheit vollzogen werden.[175]

Es gibt wohl keine Philosoph:innen oder Künstler:innen, gleich welcher Richtung oder Kunstgattung, für welche die Einsamkeit kein Thema war. So hat der Philosoph Jean Jacques Rousseau von sich gesagt: „Ich bin mit einer natürlichen Liebe zur Einsamkeit auf die Welt gekommen [...]."[176] Van Gogh, Picasso, Schumann, Beethoven, Wagner, Schopenhauer, Nietzsche, Kierkegaard und viele andere kreative Persönlichkeiten haben sich immer wieder, bewusst und regelmäßig, von ihrer Umwelt zurückgezogen und in der Isolation eine Quelle der Kreativität gefunden, in der sie Neues erschaffen konnten.

Neben den quälenden und leidvollen Eigenschaften, die ich in den verschiedenen Kapiteln dieses Buches dargestellt habe, gilt die Verbindung von Einsamkeit und schöpferischer Tätigkeit bis in die Gegenwart. Im Gespräch mit zwei Journalisten hat der Regisseur Ivan Engler dies folgendermaßen formuliert: Trotz des Leidens unter der Einsamkeit, sei sie für ihn aber auch „Verbündete und Muse: Nur wenn ich den Raum für mich habe, kann ich schreiben. In der Einsamkeit entstehen meine Figuren, die dann zu meiner Gesellschaft werden."[177]

Eine positive Sicht der durch die Covid-19-Pandemie erzwungenen Einsamkeit spricht auch aus dem folgenden Bericht: „Ja, auf einmal galt es für den normalerweise sehr verplanten und strukturierten Herrn Fankhauser, spontan zu sein. Einfach in den Tag zu leben. [...] Stattdessen schlüpfte ich als Frühaufsteher samstags noch in der Dämmerung in meine Wanderschuhe und marschierte einfach mal los. In die Berge, in überfüllte Züge und Bergbahnen sollte man ja auch nicht, also erforschte ich bisher unbekannte Regionen in meiner Umgebung. Von Wochenende zu Wochenende stieg mein Ansporn – und, wie ich meinte, auch ein bisschen meine Kondition – und so wurden es schnell mal fünf- bis achtstündige ‚Spaziergänge'. Es tat meiner Seele gut und auch die Endorphine taten ihr Bestes."[178] Auf diesen Wanderungen sei es zu erfüllenden Begegnungen mit anderen Menschen gekommen. Er habe begonnen, Tourenberichte zu verfassen und Fotos seiner Wanderungen auf Social Media zu stellen, auf die für ihn völlig unerwartete positive Reaktionen folgten. „Und siehe da – mit meinen 40 Jahren spürte ich tief in mir drin auf einmal wieder eine kreative Kraft, die ich seit der 9. Klasse so nie mehr gespürt hatte."[179] Entsprechend überschreibt Fankhauser seinen Bericht mit dem Titel: „Einsamkeit – das Beste, was mir die Pandemie bescheren konnte"[180].

In diesem Beispiel ist es dem Protagonisten gelungen, die Situation der erzwungenen Einsamkeit nicht nur unbeschadet zu überstehen, sondern daraus sogar noch einen Gewinn für seine persönliche Entwicklung zu ziehen. Daran zeigt sich auch, dass sich Einsamkeitsgefühle nicht allein durch die äußeren Bedingungen (z. B. Zahl und Art der Kontakte) definieren lassen, sondern dass ausschlaggebend dabei die individuelle Bedeutung und das ganz persönliche Erleben der betreffenden Situation sind. Bei der oben zitierten Schilderung muss berücksichtigt werden, dass der Protagonist sich offenbar in einer recht privilegierten sozialen Situation befunden hat. So ist nirgends die Rede von finanziellen, durch die Pandemie ausgelösten Sorgen oder von Krankheiten, unter denen er gelitten hat und die seine Situation schwierig hätten werden lassen können.

Das zitierte Beispiel weist noch auf eine andere recht häufig anzutreffende positive Konnotation des Erlebens von Einsamkeit hin: das Genießen von Einsamkeit in der Natur. Es können Spaziergänge durch den Wald, über Felder, an der Meeresküste, an Flüssen und Seen entlang, aber auch Hochgebirgstouren über Gletscher und Aufstiege zu Berggipfeln sein, die den betreffenden Menschen eine beglückende Verbundenheit mit der Natur und ein Staunen über die Schöpfung erleben lassen. Mitunter relativieren sich angesichts derartiger überwältigender Eindrücke auch persönliche

Probleme und lenken zumindest in solchen Momenten von den aktuellen Sorgen und Ängsten ab. Auch wenn dies vielleicht nur kurze Zeit andauert, befreit diese selbst gewählte Einsamkeit doch zumindest ein Stück weit aus der Enge der sonst im Alltag erlebten negativen Einsamkeitsgefühle und öffnet neue Sinnhorizonte.

Was den Aspekt der positiven Seite der Einsamkeit betrifft, wie sie insbesondere von Menschen in Phasen des kreativen Schaffens, aber auch in spirituellen Rückzugszeiten erlebt wird, besteht noch ein gewichtiger Unterschied zu den quälenden Einsamkeitsgefühlen: Im *kreativen Schaffensprozess* begibt sich der betreffende Mensch willentlich in eine Situation der Einsamkeit, es ist eine *selbst gewählte Isolation.* In den in diesem Buch geschilderten Beispielen sind Menschen hingegen durch *äußere Umstände* (Armut, Flucht, Krankheit, Behinderung, Trennung, Tod nahestehender Menschen, sexuelle Orientierung und Geschlechtsidentität sowie durch das Alter) in die Situation von Einsamkeit geraten.

Wir kennen diesen Unterschied zwischen einem selbst gewählten und einem durch nicht kontrollierbare Faktoren bedingten Zustand aus dem Bereich des künstlerischen Gestaltens. Der Künstler leitet willentlich einen regressiven Prozess ein, in dem er sich durch Rückzug in die Isolation vor äußeren störenden Einflüssen schützt und seine Kreativität voll entfalten kann. Es geht hier um das von dem Psychoanalytiker Ernst Kris[181] beschriebene Phänomen der „Regression im Dienste des Ich", bei dem die kreativ tätige Person in der Inspirationsphase in die Welt unbewusster Inhalte eintaucht und daraus Anregungen für ihr Kunstwerk bezieht.[182] Es ist ein willentlich herbeigeführter regressiver Zustand, der nur für die Phase der Inspiration gilt, in der Phase der konkreten Gestaltung des Kunstwerks aber wieder verlassen wird. Ganz anders ist es hingegen bei Menschen, die im Rahmen schwerer psychischer Erkrankungen in einen regressiven Zustand geraten, dem sie ausgeliefert sind und aus dem sie sich nicht selbst befreien können.

6. Was hilft gegen Einsamkeit?

Es wäre ein düsteres Fazit, das man aus den bisherigen Ausführungen ziehen müsste, wenn meine Auseinandersetzung mit dem Phänomen „Einsamkeitsgefühle“ an dieser Stelle beendet wäre. Wie ich dargestellt habe, konfrontieren uns Vereinsamung und soziale Isolation zwar mit schwierigen Situationen und sie haben schwerwiegende psychische, körperliche und soziale Folgen für die davon betroffenen Menschen. Dennoch stehen wir solchen Entwicklungen nicht machtlos gegenüber.

In diesem letzten Kapitel werde ich Möglichkeiten darstellen und diskutieren, mit deren Hilfe wir Einsamkeitsgefühlen begegnen, sie abbauen oder zumindest reduzieren oder sogar präventiv verhindern können. Dabei werde ich mit den Strategien beginnen, welche die von Einsamkeitsgefühlen betroffenen Menschen selbst anwenden können, dann die gesellschaftlichen Möglichkeiten darstellen und schließlich noch diskutieren, welche globalen Maßnahmen nötig wären, um zu verhindern, dass Menschen unter den Gefühlen von Einsamkeit leiden.

Bei der Frage nach den Möglichkeiten, die wir haben, um Einsamkeitsgefühle abzubauen oder deren Entwicklung zu vermeiden, taucht schnell das Argument auf, Einsamkeitsgefühle sollten bei der heutigen Fülle von Kommunikationsmitteln und der großen Mobilität der Bevölkerung überhaupt kein Problem sein. „Du musst diese Möglichkeiten nur nutzen. Dann fühlst du dich nicht mehr einsam“ ist ein in diesem Zusammenhang immer wieder zu hörender Rat. Eine solche Äußerung wird der Situation indes nicht gerecht. Zum einen weist sie alle „Schuld“ daran dem Individuum zu – und belastet den betreffenden Menschen dadurch erheblich –, und zum anderen werden dabei die gesellschaftlichen und globalen Ursachen übersehen, die zur Entstehung von Einsamkeitsgefühlen beitragen und es den Einzelnen schwer machen bzw. es ihnen mitunter sogar verunmöglichen, einen Ausweg aus ihrer schwierigen Situation zu finden.

Dennoch ist klar, dass jeder Mensch Möglichkeiten hat oder sie entwickeln muss, wie er mit den ihn quälenden Einsamkeitsgefühlen umgehen, sie abbauen und ihre weitere Verstärkung vermeiden kann. Dies bedeutet nicht, dass das Individuum selbst schuld an seiner Situation ist. Die Entwicklung von Eigeninitiative ist jedoch in jedem Fall ein wichtiger erster Schritt, der auch Erfolge zeitigt und das Vertrauen der betreffenden Person in die eigenen Kräfte stärkt. Einfluss auf die gesellschaftlichen oder gar auf die globalen Determinanten zu nehmen, ist ungleich schwieriger, auch wenn es dringend notwendig ist, dass wir alle uns für Änderungen auf diesen Ebenen einsetzen.

Individuelle Strategien

Im Grunde ist die Zahl der Strategien, die von Einsamkeitsgefühlen betroffene Menschen anwenden können, so groß wie die Zahl der betreffenden Menschen selbst. Denn jede Person hat je nach Persönlichkeit und Lebensumständen andere Bedürfnisse und voneinander abweichende Fähigkeiten, befindet sich in einer anderen Phase der Einsamkeitsentwicklung und greift auf andere Erfahrungen zurück. Aus diesem Grund ist es eigentlich unmöglich, individuelle Strategien zu nennen, die wenigstens eine gewisse Allgemeingültigkeit beanspruchen können.

Ich werde dennoch in diesem Kapitel einige Strategien diskutieren, die sich für ganz unterschiedliche Personen bewährt haben. Etliche dieser Strategien erscheinen recht banal. Dennoch lohnt es sich für Menschen, die sich einsam fühlen, sich zu vergegenwärtigen, dass diese Strategien ihnen Möglichkeiten anbieten, wie sie mit ihrer schwierigen Situation umgehen könnten.

Wie können Bezugspersonen helfen?

Zunächst möchte ich darauf eingehen, wie die Bezugspersonen auf Menschen reagieren können, von denen sie annehmen, dass sie unter Einsamkeitsgefühlen leiden. Dabei liegt ein Hauptproblem in der Scham, die viele einsame Menschen empfinden. Aus diesem Grund äußern sie sich, wie bereits mehrfach erwähnt, im Allgemeinen nicht von sich aus über die sie quälenden Einsamkeitsgefühle bzw. versuchen sogar, sie aktiv zu verstecken und zu überspielen.

Einsamkeit zeigt sich nicht an bestimmten Symptomen. Wie

Bettina Bendiner[183] im Gespräch mit der Psychologin Pasqualina Perrig-Chiello herausarbeitet, sollte die Umgebung jedoch bei einem plötzlichen oder immer stärker werdenden sozialen Rückzug einer Person hellhörig werden, etwa wenn eine Freundin beispielsweise plötzlich nicht mehr ans Telefon geht oder, wenn überhaupt, nur äußerst knapp und kurz angebunden auf Text-Nachrichten reagiert. Auch Niedergeschlagenheit, Reizbarkeit und Selbstmitleid sind Empfindungen, die aufhorchen lassen sollten. „Zielführender für die Erkennung ist jedoch die Berücksichtigung von Risikofaktoren“[184], präzisiert Perrig-Chiello. Hierbei geht es um die Ursachen, die ich in den Kapiteln 1 bis 4 diskutiert habe.

Wenn man etwas gegen Einsamkeit anderer Menschen tun möchte, ist es sinnvoll, sich der Person, von der man annimmt, dass sie unter Einsamkeitsgefühlen leidet, ungezwungen zuzuwenden. Im Verlauf des Gesprächs über Alltagsthemen kann man sich dann vorsichtig der Einsamkeitsthematik nähern. Oft ist es allerdings nicht einmal nötig, explizit auf das Thema Einsamkeit einzugehen. Hilfreich können beispielsweise schon eine Einladung zu einer gemeinsamen Aktivität oder das Angebot von Unterstützung im Alltag sein. Wichtig ist dabei in jedem Fall, keine die Autonomie der betreffenden Person einengenden Ratschläge zu geben, sondern sie dazu zu ermuntern, selbst aktiv zu werden.[185]

Es geht in solchen Situationen vor allem um Hilfen im alltäglichen Leben und um den (Wieder-)Aufbau von sozialen Kontakten. Es sind Angebote, die auch unter dem Stichwort „Zeitgeschenke“ bekannt sind.[186] In diesem Fall schenkt man anderen Menschen nicht etwas Materielles, sondern Zeit des Zusammenseins, für ein Gespräch, einen Spaziergang oder ein Essen. Gerade dies ist bei Personen, die unter Einsamkeit leiden, ein besonders sinnvolles Geschenk.

Wichtig dabei ist die Förderung der Eigeninitiative der von Einsamkeit betroffenen Person. Das kann beispielsweise durch *Empowerment*-Maßnahmen erreicht werden, d. h. durch die Verbesserung ihrer Autonomie und Selbstbestimmung, damit sie ihre Interessen selbstverantwortlich vertreten können. Indem sie ihre eigenen Angelegenheiten in die Hand nehmen, entdecken sie ihre eigenen Kräfte und Kompetenzen und lernen den Wert selbst erarbeiteter Lösungen zu schätzen. Außerdem geht es bei Empowerment-Prozessen um die Kooperation mit anderen Personen, die sich mit den gleichen oder ähnlichen Problemen – in diesem Fall mit Einsamkeitsgefühlen – auseinandersetzen, und damit um eine aktive Förderung solidarischer Formen der Selbstorganisation.[187]

Eine weitere Stärkung der Widerstandskräfte der unter Einsamkeit leidenden Person ist durch die Förderung von *Resilienzfaktoren*[188] möglich. Dabei geht es um Fähigkeiten, Krisen zu bewältigen und sie durch Rückgriff auf persönliche und sozial vermittelte Ressourcen für die eigene Entwicklung zu nutzen. „Aus tiefenpsychologischer Sicht", so die Jung'sche Psychoanalytikerin Brigitte Dorst, „bedeutet Resilienz, mit den Halt gebenden und stärkenden Tiefenschichten der Seele in Kontakt zu kommen. Diesen Zugang zu den inneren Kraftquellen zu finden, kann mit Hilfe von Phantasie, Imagination und Intuition gelingen. Ziel ist es, bei seelischen Verletzungen heilende Kräfte zu aktivieren und die seelische Gesundheit zu stärken."[189] Dies kann in therapeutischen Prozessen erarbeitet werden, aber auch, wie die obigen Aussagen zeigen, spontan im Alltag erfolgen. Wichtig dabei ist, stets die *Autonomie* der betreffenden Person im Auge zu behalten und sie nicht mit Hilfsangeboten zu überschütten.

Was können die unter Einsamkeitsgefühlen Leidenden selbst tun?

Was die Personen selbst angeht, die unter Einsamkeitsgefühlen leiden, ist eine Voraussetzung für eine konstruktive Auseinandersetzung mit diesen Gefühlen, dass sie sich zunächst *dieser Gefühle bewusst werden*. Dies scheint eine Selbstverständlichkeit zu sein, ist es jedoch nicht. Oft nehmen Menschen ihre Gefühle nur als diffuse Befindlichkeiten von positiver oder negativer Färbung wahr. Die Antwort einer solchen Person auf die Frage, wie es ihr gehe, lautet dann unter Umständen „nicht gut" oder „schlecht". Sie ist jedoch nicht in der Lage, genauer zu beschreiben, dass es sich um quälende Gefühle der Einsamkeit handelt. Eine solche differenzierte Wahrnehmung ist indes nötig, damit die betreffende Person sich Gedanken darüber machen kann, wie sie mit diesen Gefühlen umgehen, sie abbauen und in Zukunft vielleicht sogar vermeiden kann.

Es kann in diesem Prozess hilfreich sein, sich vor Augen zu führen, dass man *nicht die einzige Person ist, die sich einsam fühlt.* Dies klingt banal. Dennoch sind sich viele Menschen, die sich in Krisensituationen befinden, keineswegs klar darüber, dass sie mit ihren

Gefühlen nicht allein sind. Es ist fast die Regel, dass sie vermuten, die Einzigen zu sein, was ihr Leiden – gerade beim Thema Einsamkeitsgefühle – nochmals verstärkt. Sich darüber klar zu werden, dass andere Menschen Ähnliches erleben, befreit wenigstens ein Stück weit aus der Isolation und kann einen Weg eröffnen, nach Strategien zur Beseitigung der belastenden Gefühle zu suchen.

Das Wahrnehmen der betreffenden Person, dass es um Einsamkeitsgefühle geht, kann zu *Fragen* führen, die neue Möglichkeiten erschließen. Es sind beispielsweise Fragen wie: „Warum fühle ich mich eigentlich so einsam?", oder: „Was fehlt mir am meisten?" Der Versuch, sich selbst ehrliche Antworten zu geben, führt unter Umständen weiter zur Frage: „Was könnte ich denn tun, um diese Gefühle loszuwerden?", wodurch sich ein breites Feld von Möglichkeiten öffnet.

Sind diese Schritte getan, wird sich tatsächlich schnell zeigen, dass es eine Fülle von Möglichkeiten gibt, in einer konstruktiven Weise mit Einsamkeitsgefühlen umzugehen, und dass der eigenen Experimentierfreudigkeit in dieser Hinsicht keine Grenzen gesetzt sind.

Die Aussage, es gebe eine „Fülle" von Möglichkeiten, mag erstaunen. Dieses Erstaunen weist darauf hin, dass es dringend notwendig ist, sich über die bereits bestehenden Angebote zu *informieren*. In dieser Hinsicht befinden wir uns in der Gegenwart in einer privilegierten Situation: Die Eingabe entsprechender Stichworte in die Suchmaschinen im Internet führt innerhalb kürzester Zeit zu Ergebnissen. Durch Stichwortkombinationen können die verschiedensten Angebote identifiziert werden, die jeweils wieder ein ganzes Feld von weiteren Möglichkeiten öffnen. Dabei ist allerdings zu bedenken, dass Hochbetagte oft nicht in der Lage sind, mit Computer und Internet umzugehen, oder eine prinzipielle Abneigung gegen diese Medien haben. Für diese Personengruppe sind eher Printmedien mit Informationen zu Veranstaltungen und Treffs geeignet.

Das einzige Problem – und für Menschen, die depressiv, verzweifelt und hoffnungslos sind, ist dies eine zentrale Schwierigkeit – ist dabei allerdings, dass die betreffende Person in der Lage sein muss, sich aufzuraffen, diese Schritte zu tun. Im Wissen darum, dass eine große Zahl von Angeboten für Menschen, die unter Einsamkeitsgefühlen leiden, bestehen, kann dieser Schritt jedoch gelingen.

In Anbetracht der vielen, in unserer Gesellschaft bestehenden Angebote ist es nicht möglich, hier eine auch nur annähernd erschöpfende Übersicht zu vermitteln. Zudem bestehen hinsichtlich solcher Angebote große regionale und nationale Unterschiede. Es kann im Folgenden deshalb nur darum gehen, beispielhaft die wichtigsten Arten von Angeboten zu nennen. Ich orientiere mich dabei unter anderem an dem Projekt „Soziale Teilhabe. Angebote gegen Vereinsamung und Einsamkeit im Alter" im Rahmen des interkantonalen Projekts „Via – Best Practise Gesundheitsförderung im Alter"[190]. Obwohl es ein Schweizer Projekt speziell für ältere Menschen ist und bereits aus dem Jahr 2013 stammt, lassen sich die Hauptbefunde ohne Weiteres auch auf andere von Einsamkeitsgefühlen betroffene Personen, die an anderen Orten leben, und auf die jetzige Zeit übertragen.

Zunächst ist zwischen den verschiedenen Angebotsarten, den Hol- und den Bring-Angeboten, zu unterscheiden.

Bei den *Hol-Angeboten* muss die betreffende Person ihre gewohnte Umgebung verlassen. Sie muss dazu selbst in der Lage sein oder durch eine andere Person an den Angebotsort gebracht werden. Die Hol-Angebote, die von staatlichen, lokalen, kirchlichen und privaten Stellen getragen werden, dienen der Förderung der sozialen Teilhabe. Dies ist in Anbetracht des Erlebens von Menschen, die unter Einsamkeitsgefühlen leiden, von solchen Aktivitäten ausgeschlossen zu sein, ein zentrales Ziel. Zu den Hol-Angeboten zählen Bildungs- und Informationsangebote, Bewegungsangebote, Vernetzungsangebote und anderes, wie zum Beispiel auch Reisen.

Wichtig bei solchen Angeboten ist, dass sie den Aufbau vertrauensvoller Beziehungen ermöglichen. Um dieses Ziel zu erreichen, müssen die Angebote wiederholt und nicht nur einmalig stattfinden, müssen Kontinuität bezüglich Zeit, Ort und im Hinblick auf die personelle Betreuung, Begleitung oder Leitung aufweisen. Sie müssen ferner informelle Anteile beinhalten, welche Interaktion und Austausch der Teilnehmenden ermöglichen, und müssen zudem gut erreichbar, leicht zugänglich, kostengünstig und im Idealfall mit einem Fahrtendienst kombiniert sein.

Die *Bring-Angebote* wie spitalexterne Dienste, Mahlzeitendienste, Haushaltsdienste oder Administrations-Dienste richten sich an einsame und sozial isolierte Personen, die aus verschiedenen Gründen die Hol-Angebote nicht nutzen können. Die in diesem Bereich

Arbeitenden müssen im Hinblick auf Einsamkeit geschult und sensibilisiert sein und sollen kontinuierlich jeweils dieselben Personen aufsuchen. Zudem muss neben der Hauptaufgabe (z. B. medizinische Pflege, Hilfe im Haushalt etc.) Zeit für Gespräche mit den Klient:innen vorgesehen sein. Eine spezielle Form der Bring-Angebote zur Bekämpfung von Einsamkeit und sozialer Isolation sind Besuchsdienste mit Freiwilligen.

Bei der Frage, was Menschen, die unter Einsamkeitsgefühlen leiden, tun können, geht es zum einen darum, dass sie sich kundig machen, welche Angebote in ihrer Nähe bestehen und welche ihnen zusagen würden, und dass sie mit diesen Organisationen Kontakt aufnehmen. Zum anderen zeigt aber das zuletzt erwähnte Angebot von Besuchsdiensten, dass es auch eine Möglichkeit sein kann, die eigene Einsamkeit dadurch zu überwinden, dass man andere Menschen, die sozial isoliert oder einsam sind, selbst besucht.

Da Einsamkeitsgefühlen das Erleben zugrunde liegt, von sozialer Teilhabe ausgeschlossen, allein und isoliert zu sein, gehört zu den Strategien zum Abbau dieser Gefühle, sich mit anderen Menschen zu vernetzen bzw. bestehende *Netzwerke* zu nutzen. Auch in dieser Hinsicht besteht in unserer Gesellschaft eine Fülle von Möglichkeiten. Ich kann in diesem Zusammenhang nur beispielhaft einige solcher Zusammenschlüsse nennen: diverse Erwerbslosenberatungsstellen, kirchliche Organisationen mit verschiedenen Beratungs- und Begleitangeboten, die große Zahl von Selbsthilfegruppen, auch solche digitaler Art (für Menschen mit psychischen Problemen, Migrationshintergrund, für Wohnungslose, queere Menschen usw.) sowie die von verschiedenen politischen Parteien und sozialen Organisationen getragenen Angebote. Hinzu kommen die spirituellen Gruppen, z. B. Meditationsgruppen unterschiedlicher spiritueller Richtungen, die es in den größeren Städten gibt. Neben diesen allgemeinen Angeboten finden sich auch Organisationen für spezielle Personengruppen wie die Schweizer Organisation FRAGILE für Menschen mit Hirnverletzung und Angehörige, der Deutsche Bundesverband Rehabilitation für Menschen mit Behinderungen, Handicap International für Flüchtlinge mit Behinderung. Auf einige solche Angebote habe ich bei der Diskussion der verschiedenen Ursachen von Einsamkeitsgefühlen bereits hingewiesen.

Die Netzwerke haben den großen Vorteil, dass man dort mit Menschen zusammentreffen kann, die unter den gleichen oder ähnlichen Problemen leiden und ebenfalls Wege aus diesem Zustand suchen, oder die ähnliche Interessen bzw. politische Überzeugungen haben. Dabei können die an den Gruppen Teilnehmenden zum einen *Solidarität* erleben und zum anderen am Beispiel der anderen Mitglieder erleben, *wie andere Menschen mit den Schwierigkeiten umgehen,* und daraus lernen.

Auch wenn eine rein intellektuelle Auseinandersetzung mit dem Thema nicht ausreicht, um Einsamkeitsgefühle abzubauen, sollte die Möglichkeit, sich durch die Lektüre von *Literatur zum Thema Einsamkeit* mit diesem Gefühl auseinanderzusetzen, nicht außer Acht gelassen werden. Dies können wissenschaftliche oder populäre Darstellungen ebenso wie biografische Berichte sein. Etwas über die eigenen Gefühle und Konflikte zu lesen und zu erfahren, was darüber bekannt ist und wie andere Personen damit umgehen, zeigt der betreffenden Person, dass sie nicht der einzige Mensch ist, der darunter leidet. Zudem führt die Lektüre von Literatur zu einer gewissen Distanz zu den eigenen Problemen und es tun sich Möglichkeiten eines konstruktiven Umgangs damit auf.

Nochmals effizienter ist es, wenn die unter Einsamkeitsgefühlen leidende Person die *Literatur mit Freund:innen oder Angehörigen diskutiert.* In diesem Fall stellt die gemeinsame Diskussion bereits einen ersten Schritt aus der Einsamkeit dar. Befreiend wirkt sich dann auch aus, dass durch das Gespräch über Einsamkeit nicht nur eine theoretische Auseinandersetzung mit diesem Thema stattfindet, sondern dass die Person, die unter diesen Gefühlen leidet, durch den Austausch darüber die Enge ihrer Einsamkeit zumindest ein Stück weit aufgebrochen hat.

Beim Literaturstudium kann man auch auf Publikationen treffen, in denen konkrete Vorschläge zur Überwindung von Einsamkeitsgefühlen gemacht werden. Das kann beispielsweise das von dem US-amerikanischen Psychologen John T. Cacioppo entwickelte Konzept „EASE“[191] sein, bei dem die unter Einsamkeit leidende Person angehalten wird, die folgenden vier Aspekte zu reflektieren und dann entsprechend zu handeln: (E) Erweiterung des Aktionsradius, (A) Aktivität, (S) Selektieren von Kontakten, (E) Erwarten Sie das Beste![192] Man mag einem Konzept wie EASE oder auch den unterschiedlichen Zusammenstellungen von Tipps, die sich im Internet finden – z. B. Gleichgesinnte suchen, rausgehen, Sport treiben etc.[193] – entgegenhalten, es seien recht banale Empfehlungen, an welche die von Einsamkeit betroffenen Personen sicher schon selbst gedacht haben. Das mag sein. Aber es hat eine andere Wirkung, ob man etwas liest, das mit den eigenen Vorstellungen übereinstimmt, oder ob man mit seinen Ideen allein ist. Zudem erweitert die Auseinandersetzung mit derartigen Vorschlägen das Spektrum von Möglichkeiten und wirkt allein dadurch der Enge entgegen, die durch die Einsamkeitsgefühle entstanden ist.

Ein anderer Einwand gegen Programme dieser Art, Einsamkeitsgefühle abzubauen, kann der sein, dass die betreffende Person hier immer eine erhebliche Eigeninitiative aufbringen muss, um die vorgeschlagenen Schritte zu tun. Aber auch in dieser Hinsicht ist es ein Unterschied, ob jemand sich selbst sagt, sie/er sollte diesen oder jenen Schritt tun, oder ob dies eine Empfehlung von außen ist. Außerdem kann eine Person bereits einen Plan gefasst, bisher aber noch nicht realisiert haben, und nun gibt die Publikation den letzten nötigen Anstoß.

Dies kann beispielsweise auch im Hinblick auf eine – auf den ersten Blick sehr einfache – Empfehlung geschehen, nämlich, sich die Dinge, die einem am Tag Freude bereitet haben, abends vor dem Zubettgehen noch einmal ins Bewusstsein zu rufen. In einem Interview, das Anne-Sophie Keller und Ralf Kaminski[194] mit einem unter quälender Einsamkeit leidenden Mann geführt haben, berichtet er, dass er am Abend jeweils die schönen Erlebnisse festhalte und sich frage, was ihm Freude gemacht und ihn gestärkt habe. In diesem Moment werde ihm bewusst, dass sich die Einsamkeit vor allem in seinem Kopf abspiele.

Hilfreich kann auch sein, sich durch das Führen eines *Tagebuchs* mit der eigenen Person und dabei auch mit den Hintergründen der Einsamkeitsgefühle auseinanderzusetzen. Dies kann unter Umständen kombiniert werden mit einem *Traumtagebuch*, in das die betreffende Person regelmäßig ihre Träume einträgt.[195] Hier geht es nicht im engeren Sinne um eine therapeutische Arbeit mit Träumen. Es ist indes wissenschaftlich erwiesen, dass allein die Erinnerung an Träume und das Aufschreiben einen positiven Einfluss auf die Persönlichkeit haben. Ein Tagebuch zu führen, ist zwar eine Tätigkeit, die eine Person alleine ausübt und die somit nicht direkt zu anderen Menschen führt. Doch kann die Selbstreflexion in Tage- und Traumtagebüchern Entwicklungsprozesse anstoßen, die zu einem konstruktiven Umgang mit Einsamkeitsgefühlen führen.

Bewährt hat sich ferner das Halten eines *Haustieres*. Dadurch können verschiedene Ziele erreicht werden: Die unter Einsamkeitsgefühlen leidende Person ist nicht mehr allein, sondern hat ein Lebewesen in ihrer unmittelbaren Nähe. Je nach Art des Tieres kann es zu einem intensiven taktilen Kontakt zwischen Mensch und Tier kommen. Außerdem muss die Person für ein anderes Wesen sorgen und hat dadurch nicht nur eine Aufgabe, sondern das Leben, das ihr sonst vielleicht leer erscheint, bekommt dadurch einen Sinn. Hunde haben zudem den großen Vorteil, dass sie mehrmals täglich ausgeführt werden müssen. Dadurch sind Hundehalter:innen gezwungen, regelmäßig das Haus zu verlassen und sich zu bewegen, ohne dass sie sich selbst dazu motivieren müssen, da diese Spaziergänge für das ihnen anvertraute Tier notwendig sind. Hinzu kommt schließlich, dass sich beim Spazierengehen mit einem Hund sehr schnell zwanglose Gespräche, mitunter sogar gemeinsame Unternehmungen mit anderen Hundehalter:innen ergeben, was den Einsamkeitsgefühlen entgegenwirkt.

Überhaupt ist es wichtig, dass Menschen, die unter Einsamkeitsgefühlen leiden, sich Gedanken darüber machen, wie sie ihre *Freizeit gestalten*. Dabei können viele der bereits genannten Aktivitäten umgesetzt werden: Besuche von Veranstaltungen der verschiedensten Art, Teilnahme an Selbsthilfe- oder Aktivitätsgruppen (neben Sport-, Wander-, Koch-, Lese- und anderen Gruppenaktivitäten auch beispielsweise gemeinsame Museumsbesuche und Teilnahme an Erzählcafés), ehrenamtliche Tätigkeiten in Vereinen und im karitativen Bereich sowie Teilnahme an Kursen.

Hilfreich für einen konstruktiven Umgang mit Einsamkeitsgefühlen kann auch das *Lesen von belletristischen Büchern, speziell die Lektüre von Biografien* sein, in denen geschildert wird, wie Menschen mit Situationen umgegangen sind, in denen sie sich ausgeschlossen, abgelehnt und isoliert gefühlt haben. Als Beispiele seien die Biografien von Alma Mahler-Werfel (1873–1964)[196] und Hannah Arendt (1906–1975)[197] genannt, die von ihrer von Einsamkeit und Verzweiflung geprägten Flucht aus dem NS-Regime und dem Leben im Migrationsland berichten, die von Mary Lavater-Sloman verfasste Biografie *Annette von Droste-Hülshoff. Einsamkeit*[198] und die Auseinandersetzung von Angélique Beldner und Martin Dean mit ihrer Hautfarbe und deren Wirkung in der Öffentlichkeit in ihrem autobiografischen Werk *Der Sommer, in dem ich Schwarz wurde*[199].

Gewiss ist es nicht möglich, aus derartigen Werken die von diesen Personen angewendeten Strategien eins zu eins zu übernehmen. Sie können jedoch Hoffnung wecken und das Selbstvertrauen stärken, indem sie zeigen, dass es in selbst aussichtslos erscheinenden Lebenssituationen immer noch Möglichkeiten einer positiven Bewältigung gibt. Zudem vermitteln diese Berichte den Lesenden aber auch, dass sie nicht die Einzigen sind, die unter Einsamkeitsgefühlen leiden, und dass sie sich dieser Gefühle nicht schämen müssen.

Hilfreich für die Bewältigung von Einsamkeitsgefühlen können auch *Kurse für kreatives Gestalten* sein, die wesentlich zur Persönlichkeitsentwicklung beitragen. Dazu gehören etwa Kurse mit Malen, Zeichnen, Töpfern und anderen gestalterischen Tätigkeiten, die in der Volkshochschule und anderen Bildungswerken allen Menschen zugänglich sind.

Daneben gibt es auch vielfältige Angebote im Bereich der *Kunsttherapie.*[200] Mit Medien der bildenden Kunst wie Malen, Zeichnen, plastisch-skulpturales Gestalten oder auch mit Hilfe fotografischer Medien wird es den daran teilnehmenden Klient:innen ermöglicht, innere und äußere Bilder auszudrücken, kreative Fähigkeiten zu entwickeln und sinnliche Erfahrung auszubilden. Die Therapeut:innen begleiten in kunsttherapeutischen Sitzungen Menschen bei Veränderungsprozessen, Krisen und Krankheiten und sind von daher auch gut geeignet, mit Personen zu arbeiten, die unter Einsamkeitsgefühlen leiden.

Kreatives Gestalten ist auch in einer Therapiegruppe möglich. Es beinhaltet zum einen die Darstellung der inneren Situation der Personen, die an den Sitzungen teilnehmen. Ferner bietet das Malen zusammen mit anderen in einer Gruppe eine Form der Kommunikation, indem die Teilnehmer:innen zusammen etwas Kreatives schaffen und sich dann auch darüber austauschen. Je nach Methode der Kunsttherapie können auch die Therapeut:innen die Gestaltungen kommentieren und auf Zusammenhänge mit der Lebensgeschichte der Klient:innen hinweisen.

Auch mit Hilfe der *Musik* können Menschen, die unter Einsamkeitsgefühlen leiden, einen Zugang zu ihren Gefühlen finden und sich konstruktiv damit auseinandersetzen. Hilfreich im Umgang mit Einsamkeitsgefühlen kann etwa das Spielen von Musik sein. Der kreative Ausdruck von Gefühlen durch Musik setzt allerdings in diesem Fall voraus, dass die betreffende Person ein Instrument beherrscht.

Wesentlich häufiger geht es daher um das *Hören von Musik*. Hier stellt sich die Frage: Wie können über das Hören von Musik Gefühle von Einsamkeit zumindest ein Stück weit positiv verändert werden? Ein erster Grund liegt in der bereits mehrfach diskutierten Vorstellung vieler unter Einsamkeitsgefühlen leidender Menschen, sie seien die einzigen, die solche Gefühle empfänden. Es geht um das Hören eines Musikwerks, das die Einsamkeit thematisiert und musikalisch ausdrückt. Beispiele sind etwa der Liederkreis „Die Winterreise" von Franz Schubert, hier speziell das Lied „Einsamkeit" („Wie eine trübe Wolke") sowie „Eleanor Rigby" der Beatles und „So tired of Being Alone" von Al Green. Beim Hören solcher Musikstücke erlebt ein einsamer Mensch, dass er nicht allein ist, sondern dass beispielsweise der Komponist bzw. die Komponistin, deren Werk er hört, die gleichen oder ähnliche Gefühle erlebt und im musikalischen Werk gestaltet hat.

Damit hängt eine zweite positive Wirkung der Musik zusammen: Die Hörer:innen erleben, dass die Gefühle der Einsamkeit im Musikstück gestaltet und strukturiert werden. Es sind nicht chaotische Töne und Rhythmen, sondern es ist ein Musikwerk, das durch Anfang und Ende, durch einen bestimmten Rhythmus und Takt sowie, im Fall von Liedern, durch einen Text strukturiert ist. Dadurch „entschärft" das die Einsamkeit thematisierende Musikstück zumindest ein Stück weit den chaotischen, bedrohlichen Charakter der Einsamkeitsgefühle. Dies kann in der zuhörenden Person bewirken, dass sie, selbst wenn sie sich dessen nicht bewusst ist, intuitiv spürt, dass sie den sie bedrängenden Gefühlen nicht schutzlos ausgeliefert sein muss, sondern wie die Komponist:innen die Möglichkeit hat, einen positiven – „strukturierenden" – Einfluss auf sie zu nehmen.

Schließlich ist zu berücksichtigen, dass das die Einsamkeit thematisierende Musikwerk für die Hörer:innen ein Gegenüber darstellt. Es ist zwar keine Beziehung zu einem Menschen. Doch kann das Musikstück vom Hörenden wie ein Partner erlebt werden und wirkt auf diese Weise dem Gefühl der Isoliertheit und des unerträglichen Alleinseins entgegen. Diese kommunikative Funktion ist der Musik im Grunde schon von Beginn an inhärent, da auch die Komponist:innen ihre Werke für ein Publikum schreiben. Diese

Verbindung zwischen Komponist:in – Werk – Hörer:in spürt die Person, die ein Musikwerk anhört, intuitiv und erlebt dadurch ein Stück weit eine Befreiung aus der Enge ihrer Isoliertheit und ihres Alleinseins.

Auch *musiktherapeutische Ansätze* können in Frage kommen, die – ähnlich wie kunsttherapeutische Sitzungen durch Gestaltungen der bildenden Kunst – durch die Verwendung verschiedener Musikinstrumente oder durch gemeinsames Musizieren einen kathartischen Effekt haben und dem Ausdruck innerer Bilder dienen. Dabei sind keinerlei Vorkenntnisse bezüglich des Spielens von Instrumenten nötig.

Mit dem Einsatz von Kunst- und Musiktherapie bewegen wir uns bereits im Bereich von Therapien, die Menschen mit Einsamkeitsgefühlen Hilfe leisten können. Neben den erwähnten therapeutischen Angeboten ist es insbesondere die *Psychotherapie*, die den unter Einsamkeitsgefühlen Leidenden Möglichkeiten bietet, sich mit den Hintergründen sowie mit dem Umgang und Abbau der sie quälenden Gefühle auseinanderzusetzen. Die verschiedenen Therapieschulen (psychoanalytische, verhaltenstherapeutische, systemische, humanistische und diverse andere Verfahren) haben je eigene Vorgehensweisen entwickelt. In jedem Fall aber geht es um die Auseinandersetzung mit den Ursachen von und dem Umgang mit den Einsamkeitsgefühlen.

Leider bestehen auch heute noch bei vielen Menschen Vorbehalte gegenüber einer Psychotherapie, weil für sie die Aufnahme einer solchen Behandlung das „Eingeständnis eigener Schwäche" darstellt. Dies gilt gerade auch für Menschen, die unter Einsamkeitsgefühlen leiden, da sie sich, wie in etlichen Kapiteln dieses Buches beschrieben, dieser Gefühle schämen.

Dennoch ist es eminent wichtig, dass die betreffenden Personen psychotherapeutische Hilfe suchen, wenn sie spüren, dass alle anderen Versuche, aus diesen Gefühlen herauszukommen, nicht erfolgreich sind. Es macht keinen Sinn, sich unnötig zu quälen und zu meinen, unbedingt „alleine damit fertig werden" zu müssen. Eine solche Haltung ist gerade beim Thema Einsamkeitsgefühle kontraproduktiv, da ein solcher Kampf immer noch tiefer in die Einsamkeit führt. In dieser Situation ist es besonders wichtig, das einsame Leiden in therapeutischen Gesprächen zu dualisieren und in den Therapeut:innen Menschen zu finden, die am Geschick der unter

Einsamkeit leidenden Person Anteil nehmen. Allein dieses Setting ist schon ein erster konstruktiver Schritt aus der Einsamkeit heraus.

Dass im Fall eines erheblichen Leidens psychotherapeutische Hilfe dringend notwendig ist, geht aus den Hinweisen hervor, die ich in verschiedenen Kapiteln dieses Buches bezüglich der psychischen, körperlichen und sozialen Folgen von Einsamkeitsgefühlen gegeben habe. Wie ausgeführt, besteht bei länger andauernden Einsamkeitsgefühlen die Gefahr schwerer körperlicher und psychischer Schädigungen, bis hin zum Suizid. Es ist deshalb wichtig, dass die betreffenden Personen therapeutische Hilfe suchen, zumal es nicht von „Schwäche“ zeugt, eine Psychotherapie aufzunehmen, sondern Ausdruck von *Selbstfürsorge* ist.

Es ist abschließend noch auf einen weiteren Bereich hinzuweisen, der Menschen, die unter Einsamkeitsgefühlen leiden, Trost und auch Befreiung von den sie quälenden Gefühlen bringen kann. Es ist der Bereich des *religiösen, spirituellen Lebens.* In den Heiligen Schriften und Überlieferungen der Religionen finden sich vielfältige Berichte von Menschen, die unter Einsamkeit, dieser Grunderfahrung des menschlichen Lebens, gelitten haben, und stets auch Tröstungen und Hinweise, wie diese Menschen aus der quälenden Situation der Einsamkeit und Enge erlöst werden.

Dies sei an ein paar, mehr oder weniger zufällig ausgewählten Zitaten aus dem christlichen und dem muslimischen Bereich veranschaulicht. In den Berichten der Propheten, in den Psalmen und in den Evangelien der *Bibel* erfahren wir von einer Fülle von Situationen, in denen Menschen von ihrer Umgebung ausgeschlossen und von den ihnen Nahestehenden verlassen werden und einsam und verzweifelt auf sich zurückgeworfen sind. Einige Beispiele:

„Stricke des Todes hatten mich umfangen, und Ängste der Hölle hatten mich getroffen; ich kam in Jammer und Not" (Psalm 116,3); „Mein Herz bebt, meine Kraft hat mich verlassen, und das Licht meiner Augen ist nicht bei mir" (Psalm 38,11); „Ich bin der Mann, der tief gebeugt worden ist durch die Rute seines Zorns. Mich hat er verjagt und in die Finsternis geführt und nicht ans Licht. [...] In dunkeln Höhlen lässt er mich wohnen wie längst Verstorbene. [...] Sei eingedenk meines Elends, meiner Verfolgung, des Wermuts und des Gifts!" (Klagelieder 3,1–3.6); „Meine Seele ist betrübt bis an den Tod" (Ausspruch Jesu im Garten Gethsemane, Matthäus 26,38).

Diese Formulierungen drücken die Gefühle aus, die auch heute noch Menschen, die unter Einsamkeitsgefühlen leiden, empfinden. Indem einsame Menschen diese Verse lesen, erfahren sie, dass sie mit ihrem schwierigen Schicksal nicht allein sind, sondern dass Einsamkeit eine menschliche Grunderfahrung ist und es von eh und je Menschen gegeben hat, die sich so gefühlt haben wie sie heute. Sie erleben dadurch auch ein Stück weit Solidarität.

Zugleich findet sich in der Bibel aber eine mindestens ebenso große Zahl von Versen, die den Einsamen und Verzweifelten Trost zusprechen und sie der Güte und Hilfe Gottes versichern:

„Fürchte dich nicht, ich bin mit dir; weiche nicht, denn ich bin dein Gott! Ich stärke dich, ich helfe dir auch, ich erhalte dich durch die rechte Hand meiner Gerechtigkeit" (Jesaja 41,10); „Siehe, ich habe dir geboten, dass du getrost und freudig seist. Lass dir nicht grauen und entsetze dich nicht; denn der Herr, dein Gott, ist mit dir in allem, das du tun wirst" (Josua 1,9); „Der Herr ist mein Hirte, mir wird nichts mangeln. Er weidet mich auf einer grünen Aue und führet mich zum frischen Wasser. Er erquicket meine Seele. Er führet mich auf rechter Straße um seines Namens willen. Und ob ich schon wanderte im finstern Tal, fürchte ich kein Unglück; denn du bist bei mir, dein Stecken und Stab trösten mich" (Psalm 23,1–4).

Durch solche Trost und Zuversicht ausdrückenden Verse und durch die Zusicherung göttlicher Hilfe kann Vertrauen in die Zukunft aufgebaut und ein Gegengewicht gegen das Dunkle und Bedrückende der Einsamkeitsgefühle gebildet werden.

Auch im Koran finden sich Hinweise auf Situationen von Verzweiflung und Einsamkeit ebenso wie Hinweise auf Trost und Zuversicht, die von Allah ausgehen. Ein Beispiel für Verse aus Koran-Suren, die Trost und Hilfe in einer verzweifelten Situation zusprechen:

„Wahrlich, denjenigen, die gläubig sind und gute Werke tun und das Gebet verrichten und die Zakah entrichten, denen ist ihr Lohn von ihrem Herrn (gewiss,) und sie brauchen keine Angst zu haben noch werden sie traurig sein" (2:277). „[...] siehe, Ich bin nahe; Ich erhöre den Ruf dessen, der ruft, wann immer er zu Mir ruft" (2:186). „[...] aber Meine Gnade übergreift alles" (7:156).

Ähnlich wie in den biblischen Versen können die Menschen, die den Koran lesen, sich dort ein Stück weit wiederfinden und sich der Gottesnähe vergewissern, was hilfreich gegen das Gefühl der Einsamkeit ist. Zugleich wird ihnen Trost zugesprochen, und es wird ein Gegengewicht gegen die Gefühle von Verzweiflung und Depression gesetzt.[201]

Für den konstruktiven Umgang mit Einsamkeitsgefühlen bieten die verschiedenen Glaubensgemeinschaften ihren Mitgliedern in Form von *religiösen Ritualen* Hilfen für Krisen und Veränderungen an, die dem Individuum eine Neuorientierung ermöglichen.[202] Das Leiden unter Einsamkeitsgefühlen stellt eine solche Krisensituation dar, in der die Mitglieder solcher Glaubensgemeinschaften in den tradierten religiösen Inhalten und Formen eine Stütze finden können.

Eine Form des religiösen Vollzugs ist das *Gebet*, das zum Teil rituellen Formen folgt, zum Teil aber frei gestaltet ist. Zu den bekanntesten tradierten Gebeten gehören das Vaterunser, das Ave Maria, die Psalmen und der Sonnengesang des Franziskus. Daneben finden sich vor allem im 21. Jahrhundert entstandene moderne Gebete und Anleitungen zum Beten, beispielsweise von Jörg Zink[203] oder Detlef Wendler[204]. Es gibt Gebete für Kinder und Erwachsene, für die verschiedensten Anlässe des Lebens (z. B. Taufe, Kommunion oder Konfirmation, Trauung, Bestattung sowie Morgen-, Abend- oder Tischgebete) und zum Kirchenjahr (Advent, Weihnachten, Passionszeit, Ostern, Pfingsten usw.). Im klösterlichen Leben spielen die Stundengebete eine wichtige Rolle.

Für Menschen, denen die Inhalte des christlichen Glaubens wichtig sind, kommt auch den *Kirchenliedern* eine große Bedeutung zu. Es können die „klassischen" Lieder wie „Großer Gott, wir loben dich", das Weihnachtslied „Ich steh an deiner Krippe hier", das Passionslied „O Haupt voll Blut und Wunden" oder das Osterlied „Christ ist erstanden" sein, aber auch neuere Lieder wie das bekannte „Von guten Mächten wunderbar geborgen" mit dem Text von Dietrich Bonhoeffer.

Inwiefern können Gebete und Kirchenlieder eine Hilfe für Menschen sein, die unter Einsamkeitsgefühlen leiden? Die Gebete, Psalmen und Lieder, vor allem solche, die sich inhaltlich auf Zeiten der Not, der Verzweiflung und der Einsamkeit beziehen, können für christlich sozialisierte Menschen eine Hilfe sein, das individuelle

Leid in einen größeren, spirituellen Rahmen zu integrieren. In den Texten zu erfahren, dass und wie Menschen von alters her mit derartigen Erlebnissen umgegangen sind, stellt das eigene Erleben in einen größeren Bedeutungszusammenhang und führt damit bereits ein Stück weit weg vom Gefangensein im vermeintlich einzigartigen persönlichen Schicksal der eigenen Einsamkeit. Positiv kann sich dabei auch auswirken, dass es bekannte Worte und Melodien sind, die vielleicht schon in früheren Jahren Trost und Stärkung vermittelt haben. Insofern können Gebete und Lieder hilfreich bei der Bewältigung der jetzigen, durch Einsamkeitsgefühle schwierigen Lebensphase sein, sie können den in dieser Lebensphase erlebten Stress reduzieren und als Quelle spiritueller Erfahrung die Lebensqualität verbessern.

Im Zusammenhang mit den Ritualen, die im religiösen Glauben sowie in den Gebeten und religiösen Liedern eine Rolle spielen, kommt den *Symbolen* eine besondere Bedeutung zu, die als Urbilder menschlicher Erfahrungen genutzt werden können, um die individuellen Begrenztheiten und das individuelle Leiden an der eigenen Person und der umgebenden Sozietät zu überwinden. Dies geschieht, indem sie dem Individuum einen unmittelbaren Zugang zu Tiefenschichten der Seele ermöglichen. Mit Tillich[205] zeichnet sich das Symbol durch die folgenden Merkmale aus: „Uneigentlichkeit" (es verweist stets auf etwas hinter ihm Stehendes), „Anschaulichkeit" (etwas Unanschauliches, Ideelles, Transzendentes wird im Symbol zur Anschauung und Gegenständlichkeit gebracht), „Selbstmächtigkeit" (es hat eine ihm innewohnende Kraft) und „Anerkanntheit" (es ist sozial eingebettet und wird von der umgebenden Sozietät mitgetragen).

Die religiösen Symbole können insofern einer konstruktiven Auseinandersetzung mit Einsamkeitsgefühlen dienen, als der unter Einsamkeit leidende Mensch Entlastung von seinen individuellen Konflikten erfahren und sich selbst und seine Endlichkeit transzendieren kann, indem er die Symbole übernimmt, die ihm von einem religiösen System angeboten werden. Ich habe im Zusammenhang mit der religiösen Begleitung in Sterbeprozessen am Beispiel der Krankensalbung und der Beichte auf die Bedeutung solcher Symbolhandlungen hingewiesen.

Gesellschaftliche Strategien

Bei der Darstellung der individuellen Möglichkeiten, welche die unter Einsamkeitsgefühlen leidenden Menschen einsetzen können, ist bereits sichtbar geworden, dass etliche dieser Strategien aufs Engste mit gesellschaftlichen Faktoren verknüpft sind. Um nur ein paar besonders offensichtliche Zusammenhänge zu nennen, sei an die oben erwähnten Hol- und Bring-Angebote, an die Fachstellen und Vereine zur Beratung und Begleitung von leidenden Menschen oder an die Bedeutung von Vernetzungsangeboten erinnert. Auch die Diskussion der Ursachen von Einsamkeitsgefühlen in den Kapiteln 1 bis 4 (z. B. Wohnungslosigkeit, Armut, Migration etc.) hat gezeigt, dass sich die individuellen Probleme und gesellschaftlichen Bedingungen letztlich nicht voneinander trennen lassen.

Im Folgenden möchte ich Strategien diskutieren, welche von Menschen, die von Einsamkeitsgefühlen betroffen sind, bei der Auseinandersetzung mit ihrer schwierigen Situation eingesetzt werden können und deren Ziel es ist, etwas an den gesellschaftlichen Strukturen zu verändern. Es sind zugleich Forderungen, denen die Gesellschaft als Ganze sich stellen muss, um für alle, die in ihr leben, menschenwürdige Bedingungen zu schaffen.

Was in diesem Bereich nötig und möglich ist, betrifft letztlich immer ein *sozial-politisches Engagement*. Damit ist nicht unbedingt eine parteipolitische Arbeit gemeint, die allerdings auf jeden Fall sinnvoll ist, um gesellschaftliche Prozesse mitzubeeinflussen. Es geht mir hier in erster Linie um ein allgemeines Engagement in der Politik, und sei es „nur" durch die Wahlbeteiligung, durch die wichtige Weichen im sozial-politischen Bereich gestellt werden können.

So hatte die ehemalige Deutsche Bundesregierung in ihrem Koalitionsvertrag versprochen, letztlich aber wenig davon umgesetzt: „Angesichts einer zunehmend individualisierten, mobilen und digitalen Gesellschaft werden wir Strategien und Konzepte entwickeln, die Einsamkeit in allen Altersgruppen vorbeugen und Vereinsamung bekämpfen."[206] Neben Fachkongressen und Monitoring wurden Maßnahmen zur Dorfentwicklung und Leistungen der Pflegeversicherungen sowie Angebote zur Alltagsentlastung, die Pflegebedürftige bei der Aufrechterhaltung sozialer Kontakte unterstützten, genannt. Im Dezember 2023 wurde vom Familienministerium der Ampelregierung eine neue Strategie vorgelegt, Einsamkeit in Deutschland zu bekämpfen. Da Einsamkeit eines der drängendsten Themen unserer Zeit sei, will die Ampelregierung auf Einsamkeit nun mit mehr Forschung, Modellprojekten in den Kommunen und kürzeren Wartezeiten auf Therapieplätze reagieren. Zur Erreichung dieser Ziele sollen universitäre Lehrstühle zum Thema Einsamkeit gefördert werden. Zudem soll ein „Einsamkeitsbarometer" geschaffen werden, mit dem Ausmaß und Verbreitung von Einsamkeit in unterschiedlichen sozialen Gruppen untersucht und Risikofaktoren und vulnerable Gruppen identifiziert werden sollen.[207]

Weitere Möglichkeiten, die einsame Menschen ohne großen organisatorischen Aufwand ergreifen können, sind etwa, wie schon erwähnt, die Bildung einer Selbsthilfegruppe oder zwanglose Treffen für verschiedene Aktivitäten. Mit Hilfe der heutigen, für die meisten Menschen verfügbaren digitalen Möglichkeiten lassen sich beispielsweise über Messenger-Dienste wie WhatsApp, Signal, Telegram oder Threema Gruppen bilden, in denen die Mitglieder miteinander plaudern und sich Nachrichten (z. B. über geplante Kino- oder Theaterbesuche, Wanderungen oder Restaurantbesuche) zukommen lassen können.

Andere Aktivitäten erfordern einen größeren Aufwand, meist auch finanzielle Unterstützung, und sind nur realisierbar, wenn sich eine Gruppe von Personen zusammenfindet, die die Angelegenheit selbst in die Hand nimmt. Dies gilt beispielsweise, wenn es um die *Gründung eines Vereins* geht. Als Beispiele habe ich die Organisation *Handicap International* (für Flüchtlinge mit Behinderung) sowie die Vereine *queerAltern* in der Schweiz genannt.

Da viele von diesen Angeboten nicht ohne Unterstützung realisierbar sind, bietet sich hier für Personen, die unter Einsamkeitsgefühlen leiden, eine weitere Möglichkeit, *sich sozial zu betätigen.* Dies kann in Form von eigenen Spenden geschehen, kann aber auch eine Tätigkeit im Fundraising oder im Bekanntmachen einer solchen Organisation oder Gruppe sein. Je nach Interessen und Fähigkeiten können sich die betreffenden Personen auch durch das Schreiben von Artikeln über die Aktivitäten dieser Gruppen in Zeitungen oder in den Sozialen Medien betätigen.

Damit Menschen, die unter Einsamkeitsgefühlen leiden, sich beispielsweise im Rahmen von Besuchsdiensten, in der Flüchtlingsbegleitung, bei der Bildung von Selbsthilfegruppen oder der Mitarbeit in verschiedenen karitativen Organisationen engagieren können, müssen solche Organisationen bestehen oder ins Leben gerufen werden. Sich an solchen Aktivitäten zu beteiligen, ist zum einen eine Aufgabe, die an sich schon eine Öffnung aus der Enge der Einsamkeit darstellt. Zum anderen entwickeln sich dadurch aber auch Kontakte zu anderen Menschen, was dem Erleben von Einsamkeit und Isolation nochmals entgegenwirkt.

Ich habe in den verschiedenen Kapiteln dieses Buches immer wieder Forschungsbefunde zitiert. Auch in diesem Zusammenhang bestehen für Menschen, die unter Einsamkeitsgefühlen leiden, Möglichkeiten, sich zu engagieren. Zum einen können sie über politische und soziale Kanäle entsprechende *Forschungsprojekte* unterstützen, damit der Forschung zur Einsamkeit etwa die nötigen finanziellen Mittel zugesprochen werden. Zum anderen können sie aber auch einen – wichtigen! – Beitrag leisten, indem sie sich an Umfragen zum Thema Einsamkeit beteiligen. Um gesicherte Aussagen über Ursachen, Abbau und Prävention von Einsamkeitsgefühlen machen zu können, müssen Resultate von möglichst vielen Proband:innen vorliegen. Insofern sind die Wissenschaftler:innen auf die Mitwirkung entsprechender Personen angewiesen.

In diesem Zusammenhang ist zu bedenken, dass das Thema Einsamkeit trotz seiner weiten Verbreitung in unserer Gesellschaft und trotz der schwerwiegenden Folgen – erstaunlicherweise – verhältnismäßig wenig in der aktuellen Forschung berücksichtigt wird. Aus diesem Grund hat die Ampelregierung in Deutschland auch in ihrem neuen Strategiekonzept ausdrücklich die Förderung von universitären Lehrstühlen zum Thema Einsamkeit als ein wichtiges Ziel genannt. Bohn spricht sogar in Bezug auf die Forschung von einem „Turn-away: Einsamkeit als Tabu“[208], einem absichtlichen Ausblenden dieses Themas, von dem „eigentümlichen Wunsch nach Wegblicken und Abwenden“[209]. Ein Mittel dieser Abwehrhaltung besteht darin, Einsamkeit als ein individuelles Problem zu betrachten, was zur Folge hat: Dieses Thema wird „im aufgeklärten Diskurs der akademischen Disziplinen bestens verdrängt und verleugnet und ist damit ein blinder Fleck, der sich selbst in diesem Feld permanent reproduziert“[210]. Angesichts dieser Situation ist es besonders wichtig, dass sich möglichst viele Menschen für die Forschung zum Thema Einsamkeit starkmachen. Überhaupt kommt der *Information der Öffentlichkeit über das Problem Einsamkeit* eine große Bedeutung zu.

Wie meine Ausführungen zu den Ursachen von Einsamkeitsgefühlen gezeigt haben, liegt diesen oft eine Stigmatisierung der betreffenden Menschen zugrunde, die zumeist mit starken Schamgefühlen verbunden ist. Dies gilt beispielsweise für Personen mit Behinderung, für Flüchtlinge und von Armut betroffene Menschen, aber auch für queere Personen sowie für körperlich und psychisch Kranke. Um hier Abhilfe zu schaffen, ist es wichtig, die Öffentlichkeit vermehrt über die genannten Personengruppen *sachlich aufzuklären* und dadurch negative Zerrbilder zu korrigieren.

Daneben gilt es, *Antistigmatisierungskampagnen* zu initiieren und sich daran zu beteiligen. Hier ist ein gesellschaftliches Engagement notwendig und bietet Personen, die unter Einsamkeitsgefühlen leiden, ein breites Feld von Möglichkeiten, im Verbund mit anderen Menschen aktiv zu werden. In diesem Zusammenhang ist auch die *Vermittlung von psychischer Gesundheitskompetenz (mental health literacy)* wichtig. Durch das Wissen über psychische Gesundheitsprobleme, das mit deren Erkennung, Bewältigung und Prävention zusammenhängt, können Vorurteile und damit die Stigmatisierung psychisch kranker Menschen abgebaut werden.[211] Bücker weist darauf hin, dass die Vermittlung von psychischer Gesundheitskompetenz möglichst frühzeitig ein fester Bestandteil in der Ausbildung junger Menschen sein soll.[212] Deshalb müssen diese Themen auch in die schulischen Lehrpläne aufgenommen werden.[213]

In diesem Zusammenhang ist es ferner wichtig, in der Gesellschaft die Prinzipien von *Inklusion* und *Solidarität* zu etablieren und zu stärken. Wenn Ausgrenzungen, Benachteiligungen und damit der gesellschaftliche Ausschluss von bestimmten Personengruppen abgebaut werden sollen, ist dies nur möglich, wenn an die Stelle der Exklusion die Inklusion und an die Stelle der Ablehnung die Solidarität tritt.

Weiter wichtig im gesamtgesellschaftlichen Kontext ist die Einflussnahme auf eine Verbesserung der *medizinischen Behandlung* von unter Einsamkeit leidenden Rat- und Hilfesuchenden, wie die Ampelregierung sie in ihrem neuen Strategiekonzept plant. Hierbei geht es um sensible Angebote für die verschiedenen, in diesem Buch genannten Personengruppen, damit die je spezifischen Bedürfnisse der Patient:innen erfüllt werden können.[214] In diesem Bereich sind auch kulturspezifische Angebote für Flüchtlinge notwendig, damit die erlittenen Traumatisierungen so weit wie möglich bearbeitet werden können und, insbesondere minderjährigen unbegleiteten Flüchtlingen,[215] ein hilfreiches, der Persönlichkeitsentwicklung und der Ressourcenaktivierung zuträgliches soziales Netz geschaffen werden kann. Eine weitere nötige Maßnahme medizinischer Art ist die Verbesserung der *Rentensituation.*[216]

Ein anderer Bereich, in dem Interessierte sich am Kampf gegen die Einsamkeit beteiligen oder auf den sie zumindest durch ihr politisches Abstimmungsverhalten Einfluss nehmen können, ist die *Stadtplanung.* In den vergangenen Jahren ist zunehmend klar geworden, dass die Struktur und Gestaltung unserer Städte einen nachhaltigen Einfluss auf die Entwicklung von Einsamkeitsgefühlen bei den hier Wohnenden haben. Schon in den 1980er-Jahren hat der Soziologe William Foote Whyte eine „Triangulation" genannte Methode entwickelt, bei der es um die Vermeidung von Einsamkeitsursachen und verbesserte urbane Sozialstrukturen geht. Whyte entwickelte bestimmte Settings („public open space")[217], in denen Menschen besser miteinander kommunizierten und sich zu Interessengruppen verbanden. Ähnliche Ansätze verfolgen seit Jahren die „Kopenhagenisten", die humanistischen Stadtplaner der skandinavischen Städte, die inzwischen auch weltweit arbeiten, etwa Jan Gehl oder Bjarke Ingels und sein Studio BIG[218].

Hinsichtlich baulicher Maßnahmen, die zur Reduzierung von Einsamkeitsgefühlen beitragen bzw. sie sogar verhindern können, sind Mehrgenerationenhäuser und Alters-WGs geeignet. Zudem ist darauf zu achten (was heute mehrheitlich auch geschieht), dass die Altersheime nicht mehr am Stadtrand, sondern in den verschiedenen Stadtquartieren gebaut werden und die Heimbewohner:innen dadurch eher in der Umgebung bleiben können, in der sie vorher gelebt haben.

Globale Strategien

Haben schon die gesellschaftlichen Strategien gezeigt, dass viele der Maßnahmen gegen Einsamkeit nicht mehr individuell realisiert werden können, sondern über politische Einflussnahme erfolgen, insbesondere durch das politische Abstimmungsverhalten, so gilt dies erst recht für die globalen Ursachen der Einsamkeitsgefühle.

Den beiden in Kapitel 1 diskutierten Ursachen, der Covid-19-Pandemie und dem Klimawandel, können einzelne Personen nicht wirkungsvoll begegnen. Hier sind politische Entscheide und von Fachleuten durchgeführte Maßnahmen notwendig. Dennoch sind die Bürger:innen dem Geschehen nicht hilflos ausgeliefert, sondern können über die politischen Kanäle (Parteien, Ministerien, Abstimmungen etc.) Einfluss nehmen.

In diesem Zusammenhang ist auch auf die Bedeutung von *Demonstrationen* hinzuweisen. Viele gesellschaftliche und politische Veränderungen wären nicht zustande gekommen, wenn nicht engagierte Menschen auf die Straße gegangen wären und öffentlich für oder gegen bestimmte wirtschaftliche, technische oder politische Themen und Entwicklungen Stellung bezogen hätten.

Schluss

Je intensiver ich mich im Rahmen der Arbeit an diesem Buch mit Einsamkeit auseinandersetzte, desto stärker ging eine Faszination von diesem Thema aus, stellt Einsamkeit doch ein Gefühl dar, das wir alle aus eigener Erfahrung kennen – die einen mehr, die anderen weniger. Je detaillierter meine Stoffsammlung und meine inhaltlichen Planungen wurden, desto stärker zog mich das Thema Einsamkeit in den Bann. Allein mir darüber klar zu werden, dass bei der Entstehung von Einsamkeitsgefühlen nicht nur individuelle Faktoren, sondern auch gesellschaftliche und sogar globale Ursachen beteiligt sind, war eine für mich enorm wichtige Erkenntnis.

Mir ist zwar von jeher, auch in meiner psychotherapeutischen Arbeit, wichtig, die sozialen Bedingungen, unter denen Menschen aufwachsen und leben, mitzuberücksichtigen. Aber die enge Verschränkung zwischen gesellschaftlichen, globalen und individuellen Faktoren ist mir in dieser Brisanz, wie selten zuvor, beim Thema Einsamkeit bewusst geworden.

Aus darstellungstechnischen Gründen habe ich die globalen, gesellschaftlichen und individuellen Faktoren zwar in je eigenen Kapiteln dargestellt. Letztlich aber wirken sie, wie meine Ausführungen in diesem Buch zeigen, eng zusammen. Daraus resultiert: Wenn wir beim Problem Einsamkeit, das von der Ampelregierung in Deutschland jüngst als eines der drängendsten Themen unserer Zeit bezeichnet worden ist, etwas Konstruktives bewirken wollen, müssen wir auf verschiedenen Ebenen ansetzen.

In unserem *persönlichen Umkreis* können wir Menschen, die sich einsam fühlen oder zu vereinsamen drohen, Hilfestellungen geben, aus diesem quälenden Gefühlszustand herauszukommen. Ich habe in den entsprechenden Kapiteln etliche Hinweise auf solche Möglichkeiten gegeben. Was uns selbst betrifft, geht es um eine Verbesserung unserer Teilhabe an sozialen Begegnungsmöglichkeiten und um die Nutzung der vielen bestehenden Angebote.

Im Hinblick auf die *gesellschaftlichen Ursachen* von Einsamkeit können wir Einfluss über ein sozialpolitisches Engagement nehmen. Dies ist nicht nur durch Mitarbeit in einer politischen Partei, sondern auch durch soziales Engagement im Kampf gegen Armut, Wohnungslosigkeit und soziale Ausgrenzung von Minderheiten sowie in der Begleitung von Flüchtlingen möglich.

Die *globalen Faktoren*, die dazu führen, dass Menschen Einsamkeitsgefühle entwickeln, sind für den einzelnen Menschen zwar schwieriger zu beeinflussen. Dennoch müssen wir hier, wie ich aufgezeigt habe, nicht ohnmächtig zuschauen, sondern können unseren Einfluss über politische Kanäle (Kontakte zu Parteien und Politiker:innen), aber auch durch unser Verhalten bei Abstimmungen geltend machen.

Mich selbst hat die Arbeit am Thema Einsamkeit nochmals sensibler für die Interaktion der verschiedenen Faktoren gemacht. Ich wäre froh, wenn dies auch ein Effekt ist, den Sie als Leser:in nach der Lektüre meines Buches spüren. Denn letztlich tragen wir alle Verantwortung dafür, wie es in Bezug auf Einsamkeit uns selbst und anderen Menschen geht.

Anhang

Anmerkungen

1 Ich verwende in diesem Buch den Doppelpunkt, um den Raum für alle Geschlechter zu öffnen.
2 Bitter (1967), S. 12.
3 Zitiert in: Keller & Kaminski (2020).
4 Allaz (2021).
5 Horx, M. / Horx-Strathern, O. (o. J.).
6 Vgl. Marquard (2012).
7 Vgl. Svendsen (2022).
8 Schopenhauer (1919), S. 446.
9 Buber (1982).
10 Vgl. Luhmann (2021), S. 4. Sie verweist hier auf Peplau & Perlman (1982).
11 Vgl. Hawkley et al. (2008).
12 Riesman (1958).
13 Vgl. Bücker (2021), S. 6.
14 Vgl. die Untersuchungen im Rahmen des Projekts „Kompetenznetz Einsamkeit", https://kompetenznetz-einsamkeit.de/einsamkeit (Zugriff: 14.12.2023).
15 Vgl. Luhmann & Bücker (2019).
16 Vgl. House et al. (1988).
17 Sonnenmoser (2012), S. 24.
18 Vgl. Kerr & Stanley (2021).
19 Vgl. Jung et al. (2017).
20 Bücker (2021).
21 Beispielhaft seien genannt: der AXA Mental Health Report 2022 (AXA [2022]); der Obsan Bericht 03/2023 „Psychische Gesundheit – Erhebung Herbst 2022. Wie geht es der Bevölkerung in der Schweiz? Sucht sie sich bei psychischen Problemen Hilfe?" (Schweizerische Gesundheitsobservatorium (Obsan) [2023]); die Umfrage „Studie: Wie einsam fühlen sich die Deutschen?" (SPLENDID RESEARCH [2019]); The German Socio-Economic Panel (SOEP) (Goebel et al. [2019]); das Beziehungs- und Familienpanel (pairfam) (Brüderl et al. [2023]); die Studien der European Social Survey (ESS), https://forscenter.ch/projects/european-social-survey/ (Zugriff: 14.12. 2023); die Studie „Jugend in Deutschland – Trendstudie Sommer 2022" (Schnetzer [2022]); die Studie der Bertelsmann Stiftung „Was bewegt die Jugend in Deutschland? Einstellungen und Sorgen der jungen Generation Deutschlands" (Bertelsmann Stiftung [2022]).

22 AXA (2022).
23 Institut der Deutschen Wirtschaft (2019).
24 Vgl. Döring & Bortz (1993).
25 Vgl. Sommer & Fydrich (1991). Vgl. auch das Inventar zur Erfassung des „Interpersonellen Vertrauens“ von Kassebaum (2004). Einen Überblick über weitere Fragebögen geben Lauth & Viebahn (1987) und Rubenstein & Shaver (1982).
26 Vgl. AXA (2022).
27 Vgl. Pallister (2020).
28 Bücker (2021).
29 Ebd., S. 12.
30 Kaspar et al. (2022).
31 Vgl. Bundesarbeitsgemeinschaft der Seniorengenerationen (BAGSO) (2020).
32 Ebd., S. 1; 3.
33 Frick & Gossen (2022).
34 Vgl. Bohn (2006).
35 Woratschka et al. (2019).
36 Halter (2022).
37 Volkskrankheit ‚Einsamkeit‘. Wie ältere Menschen mit dem Alleinsein umgehen. ARD-Beitrag vom 28.12.2022. https://www.youtube.com/watch?v=rsPe1F8I61Q (Zugriff: 14.12.2023).
38 Allaz (2021).
39 Horx & Horx-Strathern (o. J.)
40 Vgl. Bücker (2021); Woratschka et al. (2019).
41 Vgl. Institut der Deutschen Wirtschaft (2019).
42 Bohn (2006), S. 30.
43 Ebd., S. 106/107.
44 Ebd., S. 107.
45 Hertz, zitiert in: Wisler (o.J.), S. 11.
46 Vgl. Künzler et al. (o. J.)
47 Keller (2022), S. 44.
48 Ebd., S. 524.
49 Kaufmann (2002), S. 25.
50 Statista (2023a).
51 Der Paritätische NRW (o. J.).
52 Vgl. Latané & Darley (1970).
53 Vgl. Mynatt & Sherman (1975).
54 Noelle-Neumann (1980).
55 Vgl. Rauchfleisch (2021a), S. 89ff.
56 Gronemeyer (1989).
57 Kaspar et al. (2022); Worotschka et al. (2019); Bücker (2021); Schweizerisches Gesundheitsobservatorium (Obsan) (2023); Krieger & Seewer (2022).
58 Benz et al. (2018).
59 Twenge et al. (2021).
60 Siegfried (2019).
61 Twenge et al. (2021).

62 Z.B.: Institut der Deutschen Wirtschaft (2019).
63 Mit „queer" als Oberbegriff werden LSBTIQ+-Personen (Lesben, Schwule, Bisexuelle, trans, intergeschlechtliche und queere/nichtbinäre Personen, engl. LGBTIQ+ persons) bezeichnet.
64 Siehe die Studien von M. Fischer (Kompetenznetz Einsamkeit, KNE Expertise 7/2022) (Fischer [2022]) und von Krell & Oldemeier (2017).
65 Fischer (2022).
66 Mit cis bezeichnet man Personen, die nicht trans sind.
67 Vgl. Rauchfleisch (2011; 2016; 2021b).
68 Brinkschröder et al. (2022).
69 Ebd., S. 22; https://www.outinchurch.de/manifest/.
70 Schumacher (2022), S. 14.
71 Vgl. Gonzales et al. (2020); Appenroth & Mar (2020); Nano (2020).
72 Vgl. Rauchfleisch (2016; 2023).
73 In der Studie von Krell & Oldemeier (2017) geben 90 % der Jugendlichen an, Diskriminierungen erlebt zu haben!
74 Vgl. Rauchfleisch (2021b); Timmermanns et al. (2022).
75 Vgl. Rauchfleisch (2011); Scholz (2022).
76 Szücs et al. (2021).
77 Vgl. Meyer (2003).
78 Die nachfolgenden Definitionen sind der Internetseite des Schweizerischen Bundesamts für Statistik, Stichwort „Armutsquote", entnommen (Schweizerisches Bundesamt für Statistik [2023]).
79 Vgl. ebd.
80 Die Zahlen für Deutschland sind der 2., aktualisierten Auflage des Paritätischen Armutsberichts 2022 entnommen (Paritätischer Gesamtverband [2023]) sowie der Pressemitteilung Nr. 327 vom 4. August 2022 des Statistischen Bundesamts (2022).
81 Vgl. Statista (2023b).
82 Vgl. Griehl (2017).
83 Vgl. Der Paritätische NRW (o. J.).
84 Eschen, zitiert in: Sauer (2019).
85 Vgl. Meyer (2003).
86 Brown (2012).
87 Vgl. Wurmser (1990), S. 158.
88 Schneider (2021), S. 14.
89 Vgl. Meyer (2003).
90 Vgl. Aktion Mensch (2022).
91 UN-Behindertenrechtskonvention (o. J. a).
92 UN-Behindertenrechtskonvention (o. J. b).
93 Vgl. die Pressemitteilung Nr. 230 vom 24. Juni 2020 des Statistischen Bundesamts (2020).
94 Vgl. Huang (2021).
95 Vgl. Huang (2020).
96 Deutscher Rollstuhl-Sportverband, https://drs.org/aufgaben-ziele/ (Zugriff: 13.12.2023).

97 Bundesverband für körper- und mehrfachbehinderte Menschen, https://bvkm.de/ (Zugriff: 13.12.2023).
98 Schweizer Paraplegiker-Vereinigung (SPV), https://www.paraplegie.ch/de/blog/rollstuhlfahrer/ (Zugriff: 14.12.2023).
99 Vgl. Bayerisches Staatministerium für Familie, Arbeit und Soziales (o. J.).
100 Handicap International (HI), https://www.handicap-international.de/ (Zugriff: 13.12.2023).
101 Barrierefrei.de (o. J.).
102 ICD-10-GM-2023: F70–F79 Intelligenzstörung, https://www.icd-code.de/icd/code/F70-F79.html (Zugriff: 14.12.2023).
103 Bundesvereinigung Lebenshilfe, https://www.lebenshilfe.de/ (Zugriff: 14.12.2023).
104 Vgl. UNO-Flüchtlingshilfe (2023).
105 Vgl. Statistisches Bundesamt (2023).
106 Vgl. EUAA (2022), S. 19; 28.
107 Vgl. Heiniger & Kaiser (2020), siehe auch den Interface-Bericht von Müller et al. (2018).
108 Vgl. Schröder et al. (2018)
109 Bundesamt für Statistik, Sektion Demografie und Migration (o. J.).
110 Eindrückliche Schilderungen dieser Situation finden sich beispielsweise in den autobiographischen Romanen von Elyas Jamalzadeh (2022), Ahmad Danny Ramadan (2021) und Usama al Shahmani (2018; 2022).
111 Vgl. Wa Baile et al. (2019).
112 Vgl. AXA (2022).
113 Siehe die Studie von Trevisan (2019) und den von der Autorin gegründeten Verein „Prosalute", der ein transkulturelles Kompetenzzentrum zur Förderung der gesundheitlichen Chancengleichheit und des chancengleichen Zugangs zur Gesundheitsversorgung betreibt, https://www.prosalute.ch/ (Zugriff: 14.12.2023).
114 Vgl. Mogk (2016).
115 Vgl. Krone (2021); Bundeskriminalamt Deutschland (2023).
116 Vgl. Krone (2021).
117 Vgl. Brenner (2019).
118 BARMER Internetredaktion (2023).
119 Vgl. Bundeskriminalamt Deutschland (2023); Traar (2018); Jorio (2011).
120 Soliman (2011).
121 Das Leben! – Für mich bist du gestorben. Wenn Menschen den Kontakt abbrechen. Sendung im NDR-Fernsehen, 23.10.2011. https://programm.ard.de/TV/ndrfsnds/das-leben----fuer-mich-bist-du-gestorben/eid_282266968805278 (Zugriff: 15.12.2023).
122 Soliman (2011), S. 21.
123 Ebd., S. 24.
124 Ebd., S. 47.
125 Ebd., S. 55.
126 Ebd., S. 63.
127 Ebd., S. 64.

128 Ebd., S. 65.
129 Vgl. Csef (2018), S. 1.
130 Elias (1982).
131 Ebd., S. 46.
132 Vgl. Csef (2018), S. 3.
133 Zu den gesellschaftlichen Bedingungen des Sterbens siehe auch: Benkel (2008); Bohn (2008); Planert & Süß (2018).
134 Zum Thema Trauer siehe Kast (2020); Roser (2014); Greve (2021); Schroeter-Rupieper (2022).
135 Vgl. Kazis (2019).
136 Kindernotfall Bonn (2020).
137 Siehe z.B. Raab (2021); Stahn & Leinweber (2021); Deutsche Gesellschaft für Kinder- und Jugendmedizin DGKJ (2022).
138 Zur Trauer der Eltern siehe: Sutor (2022).
139 Schneider (2020).
140 https://www.exit.ch/ (Zugriff: 6.12.2023).
141 http://www.dignitas.ch/ (Zugriff: 6.12.2023).
142 Vgl. Rauchfleisch (1994).
143 Vgl. Lehner (2023).
144 Vgl. Bürgin (1981).
145 Vgl. BAG Wohnungslosenhilfe (2021).
146 Vgl. Nolle (2021); Landeskommission Berlin gegen Gewalt (2003); Malyssek & Störch (2020).
147 Vgl. Gutsche (2023).
148 Vgl. BAG Wohnungslosenhilfe (2021).
149 Vgl. Die Armutskonferenz (2019).
150 Petrus (2023).
151 Ebd., S. 5.
152 Ebd., S. 31.
153 Ostwald (2018).
154 Brox (2017).
155 Adams (2019); Banning (2013); Powser (1987; 1989; 1991; 1993); Reeg (2017); Ballhause (2016).
156 Brown (2012).
157 Vgl. Wurmser (1990), S. 158.
158 Vgl. Meyer (2003).
159 Steffens & Geisler (2009).
160 Spitzer (2019).
161 House et al. (1988).
162 Fulton & Jupp (2015); vgl. Bücker (2021), S. 5; 11.
163 Cacioppo & Patrick (2011).
164 Vgl. Institut der Deutschen Wirtschaft (2019).
165 Vgl. Abdallah et al. (2017).
166 Sonnenmoser (2012), S. 24.
167 Vgl. Der Paritätische NRW (o. J.).
168 Vgl. Krieger & Seewer (2022).

169 Vgl. Institut der Deutschen Wirtschaft (2019).
170 Vgl. Luhmann (2021), S. 4.
171 Auf diesen Aspekt hat Bitter (1967) mit seiner Unterscheidung der „positiven, schöpferischen“ von der „negativen, quälenden“ Einsamkeit hingewiesen.
172 Vgl. Bohn (2006), S. 11.
173 Zitiert nach: Tamcke (2010), S. 61.
174 Vgl. Bohn (2006), S. 12.
175 Vgl. die Hinweise zum Dreijahres-Retreat des Milarepa Retreat Centers, https://www.milareparetreat.org/appeal-for-the-three-years-retreat.html (Zugriff: 15.12.2023), sowie die Erläuterungen in der Britannica Online zu den vier Lebensphasen (*ashramas*) im Hinduismus (Britannica [o. J.]).
176 Rousseau (1978), S. 478.
177 Zitiert in: Keller & Kaminski (2020).
178 Fankhauser (o. J.), S. 19.
179 Ebd., S. 21.
180 Ebd., S. 19.
181 Kris (1970).
182 Vgl. Rauchfleisch (1996; 2004).
183 Bendiner (2021).
184 Perrig-Chiello, zitiert in: ebd.
185 Vgl. ebd.
186 Vgl. Zumsteg (2021).
187 Vgl. Keupp (1993).
188 Vgl. Thun-Hohenstein et al. (2020); Dorst (2023).
189 Dorst (2023), S. 14.
190 Schäffler et al. (2013).
191 Vgl. Cacioppo (2008).
192 Vgl. Weiß (2012).
193 Vgl. MindDoc (o. J.).
194 Keller & Kaminski (2020).
195 Vgl. Kast (2023); Remmert (o. J.); Wagner-Simon & Benedetti (1984).
196 Mahler-Werfel (1982).
197 Prinz (2012).
198 Lavater-Sloman (2014).
199 Beldner & Dean (2021).
200 Vgl. von Spreti et al. (2022).
201 Zum Einbezug religiöser Elemente bei muslimischen Patient:innen siehe Rüschoff & Kaplick (2021).
202 Vgl. Rauchfleisch (1994).
203 Zink (2018).
204 Wendler (2012).
205 Tillich (1978).
206 Zitiert in: Woratschka et a. (2019).
207 Vgl. Buchsteiner (2023).
208 Bohn (2006), S. 14.

209 Ebd., S. 15.
210 Ebd., S. 16.
211 Vgl. Jung et al. (2017).
212 Vgl. Bücker (2021).
213 Vgl. Voß (2023). Vielversprechende Impulse für Programme zur Vermittlung dieser Gesundheitskompetenz bietet z.B. das Programm „MindMatters". https://mindmatters-schule.de/home.html (Zugriff: 15.12.2023).
214 In Bezug auf die medizinische Versorgung von queeren Personen siehe Appenroth & Mar (2020) sowie Nano (2020).
215 Vgl. Mogk (2016).
216 Vgl. Allaz (2021).
217 Vgl. Bagneres (2015).
218 Horx & Horx-Strathern (o. J.).

Literatur

Abdallah, S., Jeffrey, K. & Michaelson, J. (2017): The cost of loneliness to UK employers. The impact of loneliness upon businesses across the UK. In: New Economics Foundation. https://neweconomics.org/uploads/files/NEF_COST-OF-LONELINESS_DIGITAL-Final.pdf (Zugriff: 15.12.2023).

Adams, B. (2019): Homeless. Steidl, Göttingen.

Aktion Mensch (2022): Behinderungsformen: ein kurzer Überblick. https://www.aktion-mensch.de/inklusion/arbeit/fachkraefte-mit-behinderung-gewinnen/behinderungsformen (Zugriff: 13.12.2023).

Al Shahmani, U. (2018): In der Fremde sprechen die Bäume arabisch. Roman. Limmat, Zürich.

Al Shahmani, U. (2022): Der Vogel zweifelt nicht am Ort, zu dem er fliegt. Limmat, Zürich.

Allaz, A.-F. (2021): Einsamkeit: der unerkannte Killer. https://saez.swisshealthweb.ch/de/article/doi/saez.2021.19505 (Zugriff: 15.12.2023).

Appenroth, M. & Mar, M. (Hg.) (2020): Trans & Care. Trans Personen zwischen Selbstsorge, Fürsorge und Versorgung. transcript, Bielefeld.

Die Armutskonferenz (2019): Armutsbetroffene sterben um 10 Jahre früher als Rest der Bevölkerung, bei Wohnungslosen macht der Unterschied sogar 20 Jahre aus. https://www.armutskonferenz.at/news/news-2019/armutsbetroffene-sterben-um-10-jahre-frueher-als-rest-der-bevoelkerung-bei-wohnungslosen-macht-der-unterschied-sogar-20-jahre-aus.html (Zugriff: 15.12.2023).

AXA (2022): AXA Mental Health Report 2022. https://www.axa.de/presse/mediathek/studien-und-forschung/mental-health-report-2022 (Zugriff: 21.11.2023).

BAG Wohnungslosenhilfe (2021): Steigende Zahl Wohnungsloser im Wohnungslosensektor, Wohnungslosigkeit anerkannter Geflüchteter sinkt. https://www.bagw.de/de/themen/zahl-der-wohnungslosen/uebersicht (Zugriff: 14.12.2023).

Bagneres, L. (2015): Triangulation & Public Space: Bringing citizens together. In: EcoUrbanism Research Network, 18.8.2015. https://ecourbanismresearchnetwork.com/2015/08/18/triangulation-public-space-bringing-citizens-together/ (Zugriff: 15.12.2023).

Ballhause, W. (2016): Harte Zeiten. Menschen in Hannover 1930–1933. Hg. von H.-P. Wiechers. Zu Klampen, Springe.

Banning, J. (2013): Down and Out in the South. Ipso Facto, Utrecht.

BARMER Internetredaktion (2023): Ghosting: Warum Menschen ghosten und Tipps, wie Sie damit umgehen können. https://www.barmer.de/gesundheit-verstehen/familie/partnerschaft, unter: „Liebe und Beziehung“ / „Ghosting: Warum Menschen ghosten“ (Zugriff: 6.12.2023).

Barriefrei de (o. J.): Was ist eine geistige (kognitive) Behinderung? https://barrierefrei.de/ratgeber/handicaps/was-ist-eine-geistige-kognitive-behinderung.html (Zugriff: 13.12.2023).

Bayerisches Staatsministerium für Familie, Arbeit und Soziales (o.J.): Gewalt gegen Menschen mit Behinderung. https://bayern-gegen-gewalt.de/gewalt-infos-und-einblicke/gewalt-gegen/menschen-mit-behinderung/ (Zugriff: 13.12.2023).

Beldner, A. & Dean, M. R. (2021): Der Sommer, in dem ich Schwarz wurde. Atlantis, Zürich.

Bendiner, B. (2021): Wie merke ich, dass jemand einsam ist? Migros Engagement. https://engagement.migros.ch/de/news-projekte/gesundheitsfoerderung/einsamkeit-indikatoren (Zugriff: 14.12.2023).

Benkel, T. (2008): Der subjektive und objektive Tod. Ein Beitrag zur Thanatosoziologie. In: Psychologie & Gesellschaftskritik 32(2/3), 131–153.

Benz, D., Homann, B. & Vetterli, M. (2018): Wege aus der Isolation. In: Beobachter, 8.11.2018. https://www.beobachter.ch/gesellschaft/wege-aus-der-isolation-177545 (Zugriff: 12.12.2023).

Bertelsmann Stiftung (Hg.) (2022): Was bewegt die Jugend in Deutschland? Einstellungen und Sorgen der jungen Generation Deutschlands, https://www.bertelsmann-stiftung.de/de/publikationen/publikation/did/was-bewegt-die-jugend-in-deutschland (Zugriff: 21.11.2023).

Bitter, W. (1967) (Hg.): Einsamkeit in medizinisch-psychologischer, theologischer und soziologischer Sicht. Ein Tagungsbericht. Klett, Stuttgart.

Bohn, C. (2006): Einsamkeit im Spiegel der sozialwissenschaftlichen Forschung. Diss. Universität Dortmund. Fachbereich Erziehungswissenschaft und Soziologie. https://d-nb.info/997491426/34 (Zugriff: 14.12.2023).

Bohn, C. (2008): Die soziale Dimension der Einsamkeit. Unter besonderer Berücksichtigung der Scham. Kovac, Hamburg.

Brenner, Katrin: Was ist Ghosting? Interview mit Tina Soliman. In: Psychologie Heute 11/2019. https://www.psychologie-heute.de/beziehung/artikel-detail ansicht/40122-was-ist-ghosting.html (Zugriff: 14.12.2023).

Brinkschröder, M., Ehebrecht-Zumsande, J., Gräwe, V., Mönkebüscher, B. & Werner, G. (Hg.) (2022): Out in Church. Für eine Kirche ohne Angst. Herder, Freiburg/Basel/Wien.

Britannica (o.J.): ashrama. https://www.britannica.com/topic/ashrama (Zugriff: 14.12.2023).

Brown, B. (2012): TED Talk: Listening to Shame. Video. https://brenebrown.com/videos/ted-talk-listening-to-shame/ (Zugriff: 15.12.2023).

Brox, R. (2017): Kein Dach über dem Leben. Biographie eines Obdachlosen. Rowohlt, Reinbek bei Hamburg.

Brüderl, J., et al. (2023): Beziehungs- und Familienpanel (pairfam). GESIS, Köln, https://doi.org/10.4232/pairfam.5678.14.0.0. (Zugriff: 14.12.2023).

Buber, M. (1982): Das Problem des Menschen. 7. Aufl. 2007. Lambert Schneider/Gütersloher Verlagshaus, Gütersloh.

Buchsteiner, R. (2023): So will die Ampel die Einsamkeit in Deutschland bekämpfen. In: Spiegel-Online, 11.12.2023. https://www.spiegel.de/politik/deutschland/das-steht-in-der-ampel-strategie-gegen-einsamkeit-in-deutschland-a-907abe5e-c891-437c-bc23-605adf645454 (Zugriff: 15.12.2023).

Bücker, S. (2021): Einsamkeit – Erkennen, evaluieren und entschlossen entgegentreten. Schriftliche Stellungnahme für die öffentliche Anhörung BT-Drs. 19/25249. https://www.bundestag.de/resource/blob/833538/3db278c99cb6df3362456fefbb6d84aa/19-13-135dneu-data.pdf (Zugriff: 21.11.2023).

Bürgin, D. (1981): Das Kind, die lebensbedrohende Krankheit und der Tod. Huber, Bern.

Bundesamt für Statistik, Sektion Demografie und Migration (o. J.): Einsamkeitsgefühl. https://www.bfs.admin.ch/bfs/de/home/statistiken/bevoelkerung/migration-integration/integrationindikatoren/gesundheit/einsamkeitsgefuhl.html (Zugriff: 14.12.2023).

Bundesarbeitsgemeinschaft der Seniorengenerationen (BAGSO) (2020): Besuche in Pflegeheimen: Einige Bundesländer müssen dringend nachbessern. Stellungnahme. https://www.bagso.de/fileadmin/user_upload/bagso/06_Veroeffentlichungen/2020/BAGSO-Stellungnahme_Besuche_in_Pflegeheimen_Zwischenbilanz.pdf (Zugriff: 14.12.2023).

Bundeskriminalamt Deutschland (2023): Wie viele Personen werden in Deutschland vermisst? https://www.bka.de/DE/UnsereAufgaben/Ermittlungsunterstuetzung/BearbeitungVermisstenfaelle/bearbeitungVermisstenfaelle.html?nn=30666#doc19618bodyText3 (Zugriff: 14.12.2023).

Cacioppo, J. T. (2008): Easing Your Way Out of Loneliness. What can be done to escape the grips of loneliness? In Psychology Today Online, 12.12.2008. https://www.psychologytoday.com/intl/blog/connections/200812/easing-your-way-out-loneliness (Zugriff: 15.12.2023)

Cacioppo, J. T. & Patrick, W. H. (2011): Einsamkeit. Woher sie kommt, was sie bewirkt, wie man ihr entrinnt. Spektrum, Akademischer Verlag, Heidelberg.

Csef, H. (2018): Die Einsamkeit der Sterbenden. In: Internationale Zeitschrift für Philosophie und Psychosomatik 2/2018, 1–10. https://d-nb.info/1185452451/34 (Zugriff: 15.12.2023).

Deutsche Gesellschaft für Kinder- und Jugendmedizin (DGKJ) (2022): Sicherer Schlaf für mein Baby. https://www.dgkj.de/fileadmin/user_upload/images/Elternseite/Elterninformationen/DGKJ_SCHLAF_19.pdf (Zugriff: 15.12.2023).

Döring, N. & Bortz, J. (1993): Psychometrische Einsamkeitsforschung: Deutsche Neukonstruktion der UCLA Loneliness Scale. In: Diagnostica 39, 224–239.

Dorst, B. (2023): Resilienz. Seelische Widerstandskräfte stärken. Überarbeitete und aktualisierte Neuausgabe. Patmos, Ostfildern.

Elias, N. (1982): Über die Einsamkeit der Sterbenden in unseren Tagen. Suhrkamp, Frankfurt am Main.

EUAA (European Union Agency for Asylum) (2022): Asylbericht 2022. Jahresbericht über die Asylsituation der Europäischen Union. Zusammenfassung. https://euaa.europa.eu/sites/default/files/publications/2022-06/2022_Asylum_Report_Executive_Summary_DE.pdf (Zugriff: 14.12.2023).

Fankhauser, M. (o. J.): Einsamkeit – das Beste, was mir die Pandemie bescheren konnte. In: KONTEXT#06 (Magazin des mental help club der Schweizerischen Stiftung Pro Mente Sana).https://promentesana.ch/assets/files/1_Angebote/2_Anzeichen-erkennen/kontext_6_martin_fankhauser.pdf (Zugriff: 15.12.2023).

Fischer, M. (2022): Einsamkeit unter LSBTQI* Menschen: Gesellschaftliche Entfremdung, soziale Ausgrenzung und Resilienz. (Kompetenznetz Einsamkeit, KNE Expertise 7/2022). https://kompetenznetz-einsamkeit.de/wp-content/uploads/2022/07/KNE_Expertise07_220711.pdf (Zugriff: 14.12.2023).

Frick, V. & Gossen, M. (2022): Teilbericht: Junge Menschen in der Klimakrise. Eine Untersuchung zu emotionaler Belastung, Bewältigungsstrategien und Unterstützungsangeboten im Kontext von Klimawandel und Umweltproblemen in der Studie „Zukunft? Jugend fragen! 2021". Studie, durchgeführt vom Institut für ökologische Wirtschaftsforschung (IÖW), Berlin, im Auftrag des Umweltbundesamtes. TEXTE 127/2022, Forschungskennzahl 3719 16 105 2. https://www.umweltbundesamt.de/sites/default/files/medien/479/publikationen/texte_127-2022_junge_menschen_in_der_klimakrise.pdf (Zugriff: 14.12.2023).

Fulton, L. & Jupp, B. (2015): Investing to tackle loneliness: A discussion paper. https://www.socialfinance.org.uk/sites/default/files/publications/investing_to_tackle_loneliness.pdf (Zugriff: 15.12.2023).

Goebel, J., et al. (2019): The German Socio-Economic Panel (SOEP). In: Jahrbücher für Nationalökonomie und Statistik, 239(2), 345–360. https://doi.org/10.1515/jbnst-2018-0022 (Zugriff: 14.12.2023).

Gonzalez, A., Rauchfleisch, U. & Krieg, M. (2020): Professionelle Pflege und LGBTIQ-Menschen. LGBTIQ-Menschen mit Respekt und Würde pflegen. https://queeraltern.ch/wp-content/uploads/2020/11/Krankenpflege_2020-11-03.pdf (Zugriff: 14.12.2023).

Greve, N. K. (2021): Warum? Der Begleiter für Trauernde nach dem Suizid eines geliebten Menschen. Patmos, Ostfildern.

Griehl, V. (2017): „Macht Armut einsam?". Prof. Dr. Petra Böhnke und Sebastian Link im Interview. https://www.uni-hamburg.de/newsroom/forschung/2017-12-19-armutsstudie-boehnke.html (Zugriff: 24.12.2023).

Gronemeyer, R. (1989): Die Entfernung vom Wolfsrudel. Über den drohenden Krieg der Jungen gegen die Alten. Claassen, Düsseldorf.

Gutsche, T. (2023): Wir wissen noch zu wenig über queere Obdachlosigkeit. In: betterplace.org, 19.3.2023. https://www.betterplace.org/de/projects/11212-1000-mal-1-euro-e-v/news/283172 (Zugriff: 15.12.2023).

Halter, B. (2022): Wenn das Alleinsein krank macht. Interview mit Nadia Pernollet. In: Schweizer Illustrierte. https://promentesana.ch/assets/files/1_Angebote/2_Anzeichen-erkennen/SI_Interview_NadiaPernollet_Einsamkeit.pdf (Zugriff: 14.12.2023).

Hawkley, L. C., Hughes, M. E., Waite, L. J., Masi, C. M., Thisted, R. A. & Cacioppo, J. T. (2008): From social structural factors to perceptions of relationship quality and loneliness: The Chicago Health, Aging, and Social Relations Study. In: The Journals of Gerontology, Series B, 63(6), S375–S384. https://doi.org/10.1093/geronb/63.6.S375 (Zugriff: 21.11.2023).

Heiniger, T. & Kaiser, P. (2020): Früherkennung von Traumafolgeerkrankungen bei Asylsuchenden. In: Schweizerischer Ärztezeitung 101(03), 54–56.

Horx, M. & Horx-Strathern, O. (o.J.): Das Monster der Moderne: Einsamkeit.

Zukunftsinstitut. https://www.zukunftsinstitut.de/artikel/zukunftsreport/das-monster-der-moderne-einsamkeit (Zugriff: 14.12.2023).

House, J. S., Landis, K. R. & Umberson, D. (1988): Social relationships and health. In: Science 241(4865), 540–545. https://doi.org/10.1126/science.3399889 (Zugriff: 15.12.2023).

Huang, J. (2020): Aphasie. MSD-Manual. Ausgabe für medizinische Fachkreise. https://www.msdmanuals.com/de/profi/neurologische-krankheiten/funktion-und-funktionsst%C3%B6rung-der-hirnlappen/aphasie (Zugriff: 14.12.2023).

Huang, J. (2021): Dysarthrie. MSD-Manual. Ausgabe für Patienten. https://www.msdmanuals.com/de/heim/st%C3%B6rungen-der-hirn-,-r%C3%BCckenmarks-und-nervenfunktion/funktionsst%C3%B6rungen-des-gehirns/dysarthrie (Zugriff: 14.12.2023).

Institut der Deutschen Wirtschaft (2019): IW-Report 22/2019. Einsamkeit in Deutschland. Aktuelle Entwicklung und soziodemographische Zusammenhänge. Verfasst von Theresa Eyerund und Anja Katrin Orth. https://www.iwkoeln.de/fileadmin/user_upload/Studien/Report/PDF/2019/IW-Report_2019_Einsamkeit_in_D.pdf (Zugriff: 14.12.2023).

Jamalzadeh, E. (2022): Freitag ist ein guter Tag zum Flüchten. Paul Zsolnay, Wien.

Jorio, L. (2011): Spurlos verschwunden. In: Swissinfo.ch, 5.5.2022. https://www.swissinfo.ch/ger/gesellschaft/spurlos-verschwunden/30151402 (Zugriff: 14.12.2023).

Jung, H., von Sternberg, K. & Davis, K. (2017): The impact of mental health literacy, stigma, and social support on attitudes toward mental health help-seeking. In: International Journal of Mental Health Promotion 19(5), 252–267. https://doi.org/10.1080/14623730.2017.1345687 (Zugriff: 21.11.2023).

Kaspar, R., Wenner, J. & Tesch-Römer. C. (2022): Einsamkeit in der Hochaltrigkeit. (D80+ Kurzberichte, 4). Köln: Bundesministerium für Familie, Senioren, Frauen und Jugend; Universität zu Köln, Cologne Center for Ethics, Rights, Economics, and Social Sciences of Health (ceres); Deutsches Zentrum für Altersfragen. https://nbn-resolving.org/urn:nbn:de:0168-ssoar-77004-2 (Zugriff: 14.12.2023).

Kassebaum, U. B. (2004): Interpersonelles Vertrauen. Entwicklung eines Inventars zur Erfassung spezifischer Aspekte des Konstrukts. Dissertation Universität Hamburg https://d-nb.info/971588015/34 (Zugriff: 21.11.2023).

Kast, V. (2020): Trauern. Phasen und Chancen des psychischen Prozesses. 5. Aufl. der erw. Neuausgabe 2013. Kreuz, Freiburg im Breisgau.

Kast, V. (2023): Träume. Die geheimnisvolle Sprache des Unbewussten. 10. Aufl. Patmos, Ostfildern.

Kaufmann, C. (2002): Singlefrau und Märchenprinz. Über die Einsamkeit moderner Frauen. UVK-Verlagsgesellschaft, Konstanz.

Kazis, C. (2019): Weiterleben, weitergehen, weiterlieben. Wegweisendes für Witwen. Xanthippe, Zürich.

Keller, F. (2022): Anonymität und Gesellschaft. Band II: Wissenschaft, Utopie, Mythos. Velbrück Wissenschaft, Weilerswist.

Keller, A.-S. & Kaminski, R. (2020): Einsamkeit – Die grosse Leere. https://www.migros-engagement.ch/de/news-projekte/gesundheitsfoerderung/einsamkeit (Zugriff: 14.12.2023).

Kerr, N. A. & Stanley, T. B. (2021): Revisiting the social stigma of loneliness. In: Personality and Individual Differences 171, March 2021, 110482. https://doi.org/10.1016/j.paid.2020.110482 (Zugriff: 21.11.2023).

Keupp, H. (1993): Die (Wieder-)Gewinnung von Handlungskompetenz. Empowerment in der psychosozialen Praxis. In: Verhaltenstherapie und psychosoziale Praxis 25(3), 365–381.

Kindernotfall Bonn (2020): Plötzlicher Kindstod (SIDS). https://www.kindernotfall-bonn.de/sids-ploetzlicher-kindstod/ (Zugriff: 15.12.2023).

Krell, C. & Oldemeier, K. (2017): Coming-out – und dann…?! Coming-out-Verläufe und Diskriminierungserfahrungen von lesbischen, schwulen, bisexuellen, trans* und queeren Jugendlichen und jungen Erwachsenen in Deutschland. Budrich, Opladen/Berlin/Toronto.

Krieger, T. & Seewer, N. (2022): Wenn Einsamkeit anhält. Gespräch mit Tobias Krieger und Noëmi Seewer. https://www.hogrefe.com/ch/thema/wenn-einsamkeit-anhaelt (Zugriff: 28.11.2023).

Kris, E. (1970): Probleme der Ästhetik (1941). In: Psyche 24 (11), 841–880.

Krone, T. (2021): Vermisst. Wenn Menschen verschwinden. Deutschlandfunk, 31.12.2021. vermisst-wenn-menschen-verschwinden-100.html (Zugriff: 14.12.2023).

Künzler, C., Scheibli, R. & Schweizer, C. (o. J.): Chancen und Gefahren der Anonymität im Internet. https://files.ifi.uzh.ch/hilty/t/examples/IEG/Chancen_und_Risiken_der_%20Anonymitaet_im_Internet_Kuenzler_Scheibli_Schweizer.pdf (Zugriff: 14.12.2023).

Landeskommission Berlin gegen Gewalt (2003): Berliner Forum Gewaltprävention. Dokumentation des 4. Berliner Präventionstages am 13.11.2003. https://www.berlin.de/lb/lkbgg/publikationen/berliner-forum-gewaltpraevention/archiv/bfg_16.pdf (Zugriff: 15.12.2023).

Latané, B. & Darley, J. M. (1970): The Unresponsive Bystander: Why Doesn't He Help? (Century Psychology Series.) Appleton-Century Crofts, New York.

Lauth, G. W. & Viebahn, P. (Hg.) (1987): Soziale Isolierung. Ursachen und Interventionsmöglichkeiten. Psychologie Verlags Union, München/Weinheim.

Lavater-Sloman, M. (2014): Annette von Droste-Hülshoff. Einsamkeit. Römerhof, Zürich.

Lehner, B. (2023): Praxisbuch Trauerfeiern und Bestattungen. 2. Aufl. Patmos, Ostfildern.

Luhmann, M. (2021): Deutscher Bundestag | Ausschuss für Familie, Senioren, Frauen und Jugend. Einsamkeit – Erkennen, evaluieren und entschlossen entgegentreten. Schriftliche Stellungnahme zur öffentlichen Anhörung am 19.4.2021. https://www.bundestag.de/resource/blob/833358/0924ddceb95ab55db40277813ac84d12/19-13-135b-data.pdf (Zugriff: 21.11.2023).

Luhmann, M. & Bücker, S. (2019): Einsamkeit und soziale Isolation im hohen Alter. Projektbericht. Ruhr-Universität Bochum, 5.4.2019. https://hss-opus.ub.ruhr-uni-bochum.de/opus4/frontdoor/deliver/index/docId/6373/file/LuhmannBueckerEinsamkeitimhohenAlter_Projektbericht.pdf (Zugriff: 21.11.2023).

Mahler-Werfel, A. (1982): Mein Leben. Biographie. Fischer-Taschenbuch, Frankfurt am Main.

Malyssek, J. & Störch, K. (2020): Wohnungslose Menschen. Ausgrenzung und Stigmatisierung. Lambertus, Freiburg im Breisgau.

Marquard, O. (2012): Plädoyer für die Einsamkeitsfähigkeit. In: einfach leben 10, 30–33. https://www.herder.de/el/hefte/archiv/2012/10-2012/plaedoyer-fuer-die-einsamkeitsfaehigkeit (Zugriff: 21.11.2023).

Meyer, I. H. (2003): Prejudice, social stress and mental health in lesbian, gay and bisexual populations: Conceptual issues and research evidence. In: Psychological Bulletin 129(5), 674–697. https://doi.org/10.1037/0033-2909.129.5.674 (Zugriff: 14.12.2023).

MindDoc (o. J.): Fühlst du dich allein? – 7 Tipps gegen die Einsamkeit. https://minddoc.de/magazin/7-tipps-gegen-die-einsamkeit/ (Zugriff: 14.12.2023).

Mogk, C. (2016): Allein in Deutschland – Psychotherapie und psychosoziale Arbeit mit minderjährigen, unbegleiteten Flüchtlingen. In: Brisch, K. H. (Hg.): Bindung und Migration. Klett-Cotta, Stuttgart, S. 44–82.

Müller, F., Roose, Z., Landis, F. & Gianola, G. (2018): Psychische Gesundheit von traumatisierten Asylsuchenden: Situationsanalyse und Empfehlungen. Bericht zuhanden des Bundesamts für Gesundheit (BAG), Sektion Gesundheitliche Chancengleichheit, Interface Politikstudien Forschung Beratung, Luzern. https://www.torturevictims.ch/app/uploads/2021/12/2018_06_Studie-Interface_psychische-gesundheit-traumatisierte-asylsuchende.pdf (Zugriff: 14.12.2023).

Mynatt, C. & Sherman, S. J. (1975): Responsibility attribution in groups and individuals: A direct test of the diffusion of responsibility hypothesis. In: Journal of Personality and Social Psychology, 32(6), 1111–1118. https://doi.org/10.1037/0022-3514.32.6.1111 (Zugriff: 14.12.2023).

Nano, D. (2020): Kultursensible Pflege für Lesben und Schwule im Krankenhaus. Eine Aufgabe des Pflegemanagements. Mabuse, Frankfurt am Main.

Noelle-Neumann, E. (1980): Die Schweigespirale. Öffentliche Meinung – unsere soziale Haut. Piper, Zürich/München.

Nollé, H. (2021): Gewalt gegen Obdachlose. „Diese Menschen passen nicht in unsere Vorstellung von Normalität". In: Ref.ch. News der Reformierten, 8.10.2021. https://www.ref.ch/news/diese-menschen-passen-nicht-in-unsere-vorstellung-von-normalitaet/ (Zugriff: 15.12.2023).

Ostwald, H. (2018): Vagabunden. Ein autobiographischer Roman. Comino, Berlin.

Pallister, K. (2020): Why the WHO is now using the phrase "Physical Distancing" instead of "Social Distancing". https://www.iflscience.com/why-the-who-is-now-using-the-phrase-physical-distancing-instead-of-social-distancing-55438 (Zugriff: 14.12.2023).

Der Paritätische NRW (o.J.): Schriftliche Anhörung „Armut und Einsamkeit". Der Paritätische NRW. Enquetekommission IV – Einsamkeit – Bekämpfung sozialer Isolation in Nordrhein-Westfalen und der daraus resultierenden physischen und psychischen Folgen auf die Gesundheit. Verfasst von Yvonne Niggemann. Auftraggebend: Leonard Wessel, Anna-Lena Wilde-Krell, SPD-Fraktion im Landtag NRW. https://www.landtag.nrw.de/portal/WWW/dokumentenarchiv/Dokument/MMST17-3169.pdf (Zugriff: 4.12.2023).

Paritätischer Gesamtverband (2023): Armutsberichts 2022. 2., aktualisierte Aufl. https://www.der-paritaetische.de/fileadmin/user_upload/Fachinfos/doc/broschuere_armutsbericht-2022_aufl2_web.pdf (Zugriff: 15.12.2023).

Peplau, L. A. & Perlman, D. (Hg.) (1982): Loneliness: A Sourcebook of Current Theory, Research and Therapy. Wiley, New York.

Petrus, K. (2023): Am Rand. Reportagen und Portraits. Christoph Merian, Basel.

Planert, U. & Süß, D. (2018): Nichts ist umsonst. Anmerkungen zu einer Sozialgeschichte des Todes. In: Planert, U., Süß, D. & Woyke, M. (Hg.): Sterben, Töten, Gedenken. Zur Sozialgeschichte des Todes. Dietz, Berlin, S. 7–15.

Powser, K. (1987): In Hannover: auf Straßen und Plätzen. Gedanken und Fotos 1987. In: Kiebel, H. (Hg.): Texte Drinnen & Draußen. Kiebel, Bochum.

Powser, K. (1989): Frauen auf der Straße. Texte und Fotos 1989. In: Kiebel, H. (Hg.): Texte Drinnen & Draußen. Kiebel, Bochum.

Powser, K. (1991): Alt und arm – vom Leben und Überleben auf der Straße. Fotografien 1991. In: Kiebel, H. (Hg.): Texte Drinnen & Draußen. Kiebel, Bochum.

Powser, K. (1993): Obdachlos – keine Gnade auf der Straße. Fotografien. In: Kiebel, H. (Hg.): Texte Drinnen & Draußen. Kiebel, Bochum.

Prinz, A. (2012): Hannah Arendt oder Die Liebe zur Welt. Insel, Berlin.

Raab, C. P. (2021): Plötzlicher Kindstod (Sudden Infant Death Syndrome, SIDS). MSD Manual für Patienten. https://www.msdmanuals.com/de/heim/gesundheitsprobleme-von-kindern/verschiedene-st%C3%B6rungen-bei-s%C3%A4uglingen-und-kleinen-kindern/pl%C3%B6tzlicher-kindstod-sudden-infant-death-syndrome-sids (Zugriff: 15.12.2023).

Ramadan, A. D. (2021): Die Wäscheleinen-Schaukel. Orlanda, Berlin.

Rauchfleisch, U. (1994): Psychoanalyse und theologische Ethik. Neue Impulse zum Dialog. 2., völlig überarb. und erw. Aufl. Universitätsverlag, Freiburg, Schweiz / Herder, Freiburg im Breisgau.

Rauchfleisch, U. (1996): Musik schöpfen, Musik hören. Ein psychologischer Zugang. Vandenhoeck & Ruprecht, Göttingen.

Rauchfleisch, U. (2004): Robert Schumann. Eine psychoanalytische Annäherung. Vandenhoeck & Ruprecht, Göttingen.

Rauchfleisch, U. (2011): Schwule. Lesben. Bisexuelle. Lebensweisen, Vorurteile, Einsichten. 4. Aufl. Vandenhoeck & Ruprecht, Göttingen.

Rauchfleisch, U. (2016): Transsexualität – Transidentität. Begutachtung, Begleitung, Therapie. 4. Aufl. Vandenhoeck & Ruprecht, Göttingen.

Rauchfleisch, U. (2021a): Wenn Beziehung abhängig macht. Ein Ratgeber. Patmos, Ostfildern.

Rauchfleisch, U. (2021b): Sexuelle Orientierungen und Geschlechtsentwicklungen im Kindes- und Jugendalter. Kohlhammer, Stuttgart.

Rauchfleisch, U. (2023): Transgender verstehen. Ein Ratgeber für Angehörige, Freund:innen und Kolleg:innen. Patmos, Ostfildern.

Reeg, A. (2017): Arzt der Armen. Hg. von Armut und Gesundheit in Deutschland. Kehrer, Heidelberg/Berlin.

Remmert, G. W. (o. J.): Kreative Traumarbeit. Know How für Träumer. Fortbildung im Seminarhaus Schmiede, D-54298 Welschbillig. http://www.wachstums-impulse.de/pdf/traumarbeit.pdf (Zugriff: 15.12.2023).

Riesman, D., Denney, R. & Glazer, N. (1958): Die einsame Masse. Eine Untersuchung der Wandlungen des amerikanischen Charakters. Rowohlt, Reinbek bei Hamburg.

Roser, T. (2014): Sexualität in Zeiten der Trauer. Wenn die Sehnsucht bleibt. Vandenhoeck & Ruprecht, Göttingen.

Rousseau, J.-J. (1978): Briefe. An Guillaume de Lamoignon de Malesherbes, das wahre Gemälde meines Charakters und die wahren Beweggründe meiner ganzen Aufführung enthaltend (1762). In: ders.: Schriften. Bd. 1: Briefsammlung. Hg. von H. Ritter. Hanser, München, S. 475–496.

Rubenstein, C. M. & Shaver, P. (1982): The experience of loneliness. In: Peplau, L. A. & Perlman, D. (Eds.): Loneliness: A Sourcebook of Current Theory, Research and Therapy. Wiley, New York, S. 206–223.

Rüschoff, I. & Kaplick, P. M. (2021): Islamintegrierte Psychotherapie und Begleitung. Professionelle Zugänge zur Arbeit mit Menschen muslimischen Glaubens. Psychosozial, Gießen.

Sauer, S.: Armut macht krank, Krankheit macht arm. In: Frankfurter Rundschau Online. https://www.fr.de/wirtschaft/armut-macht-krank-krankheit-macht-11024454.html (Zugriff: 4.12.2023).

Schäffler, H., Biedermann, A. & Salis Gross, C. (2013): Soziale Teilhabe. Angebote gegen Vereinsamung und Einsamkeit im Alter. Im Auftrag von Gesundheitsförderung Schweiz im Rahmen des interkantonalen Projekts „Via – Best Practise Gesundheitsförderung im Alter". Bericht_Soziale_Teilhalbe_-_Angebote_gegen_Vereinsamung_und_Einsamkeit_im_Alter.pdf (Zugriff: 15.12.2023).

Schneider, K. (2020): Reden wir über das Sterben. Vermächtnis einer Ärztin und Patientin. Hg. von M. Recher, P. Schneider-Gurewitsch & C. Speitel. Limmat, Zürich.

Schneider, L. (2021): Scham. Verlagshaus Berlin, Berlin.

Schnetzer, S. (2022): Jugend in Deutschland – Trendstudie Sommer 2022. https://simon-schnetzer.com/blog/pressemitteilung-zur-trendstudie-sommer-2022/ (Zugriff: 14.12.2023).

Scholz, D. (2022) (Hg.): Transidentität und drittes Geschlecht im Arbeitsumfeld. Ein Praxisbuch für Unternehmen und den öffentlichen Dienst. Springer Gabler, Wiesbaden.

Schopenhauer, A. (1919): Arthur Schopenhauer's sämmtliche Werke. Bd. 1: Parerga und Paralipomena. Hg. von J. Frauenstädt. 2. Aufl. Neue Ausg. Brockhaus, Leipzig.

Schröder, H., Zok, K. & Faulbaum, F. (2018): Gesundheit von Geflüchteten in Deutschland – Ergebnisse einer Befragung von Schutzsuchenden aus Syrien, Irak und Afghanistan. In: WIdO-monitor 15(1), 1–20. https://www.aok-bv.de/imperia/md/aokbv/presse/pressemitteilungen/archiv/2018/widomonitor_1_2018_web.pdf (Zugriff: 14.12.2023).

Schroeter-Rupieper, M. (2022): Neue Geschichten, die das Leben erzählt, weil der Tod sie geschrieben hat. Patmos, Ostfildern.

Schumacher, A. (2022): Von #ActOut zu #OutInChurch. In: Brinkschröder, M., Ehebrecht-Zumsande, J., Gräwe, V., Mönkebüscher, B. & Werner, G. (Hg.): Out in Church. Für eine Kirche ohne Angst. Herder, Freiburg/Basel/Wien, S. 14–16.

Schweizerisches Gesundheitsobservatorium (Obsan) (2023): Obsan Bericht 03/2023: Psychische Gesundheit – Erhebung Herbst 2022. Wie geht es der Bevölkerung in der Schweiz? Sucht sie sich bei psychischen Problemen Hilfe? Claudia Peter, Alexander Tuch, Daniela Schuler. https://www.obsan.admin.ch/sites/default/files/2023-05/Obsan_03_2023_BERICHT.pdf (Zugriff: 14.12.2023).

Schweizerisches Bundesamt für Statistik (2023): Armutsquote. https://www.bfs.admin.ch/bfs/de/home/statistiken/querschnittsthemen/wohlfahrtsmessung/alle-indikatoren/gesellschaft/armutsquote.html (Zugriff: 4.12.2023).

Siegfried, S. (2019): Einsame Jugendliche denken oft an Suizid. SRF, 18.12.2019. https://www.srf.ch/news/schweiz/tabuthema-einsamkeit-einsame-jugendliche-denken-oft-an-suizid (Zugriff: 12.12.2023).

Soliman, T. (2011): Funkstille. Wenn Menschen den Kontakt abbrechen. Klett-Cotta, Stuttgart.

Sommer, G. & Fydrich, T. (1991). Entwicklung und Überprüfung eines Fragebogens zur sozialen Unterstützung. In: Diagnostica 37(2), 160–178.

Sonnenmoser, M. (2012): Einsamkeit. Einfluss auf den Therapieerfolg. In: Deutsches Ärzteblatt, Heft 1, Januar 2012, 24–26. https://www.aerzteblatt.de/pdf.asp?id=118236 (Zugriff: 15.12.2023).

Spitzer, M. (2019): Einsamkeit – die unerkannte Krankheit. Droemer Taschenbuch, München.

SPLENDID RESEARCH (2019): Studie: Wie einsam fühlen sich die Deutschen? https://www.splendid-research.com/de/studien/studie-einsamkeit (Zugriff: 14.12.2023).

Spreti, F. von, Rentrop, M. & Förstl, H. (2022) (Hg.): Kunsttherapie bei psychischen Störungen. 3. Aufl. Urban & Fischer in Elsevier, Amsterdam.

Stahn, D. & Leinweber, J. (2021): Erhöht bed-sharing das Risiko für Sudden Infant Death Syndrome? – Ein Review der Studienlage und offizieller Empfehlungen einzelner EU-Länder. In: Zeitschrift für Geburtshilfe und Neonatologie 225(5): 397–405. https://pubmed.ncbi.nlm.nih.gov/33752248/ (Zugriff: 15.12.2023).

Statista (2023a): Reichtumspyramide: Verteilung des Reichtums auf der Welt im Jahr 2021. https://de.statista.com/statistik/daten/studie/384680/umfrage/verteilung-des-reichtums-auf-der-welt/ (Zugriff: 15.12.2023)

Statista (2023b): Quoten der Armuts- oder Ausgrenzungsgefährdung in Österreich von 2018 bis 2022. https://de.statista.com/statistik/daten/studie/334189/umfrage/armutsquoten-in-oesterreich/ (Zugriff: 15.12.2023).

Statistisches Bundesamt (2020): Pressemitteilung Nr. 230 vom 24. Juni 2020. Pressemitteilungen/2020/06/PD20_230_227.html (Zugriff: 13.12.2023).

Statistisches Bundesamt (2022): Pressemitteilung Nr. 327 vom 4. August 2022. https://www.destatis.de/DE/Presse/Pressemitteilungen/2022/08/PD22_327_634.html (Zugriff: 15.12.2023).

Statistisches Bundesamt (2023): Weltweite Fluchtbewegungen auf einen Blick. https://www.destatis.de/DE/Themen/Laender-Regionen/Internationales/Thema/bevoelkerung-arbeit-soziales/bevoelkerung/Fluchtbewegungen.html (Zugriff: 14.12.2023).

Steffens, M. & Geisler, P.: Folgen internalisierter Homonegativität. Veröffentlicht im Rahmen des Fachtreffens des Verbands von Lesben und Schwulen in der Psychologie (VKSP) am 10./11.10.2009 im Waldschlösschen. https://www.vlsp.de/files/pdf/wshomonegativitaet.pdf (Zugriff: 7.12.2023).

Sutor, P. (2022): Trauern um ein Sternenkind. Das Begleitbuch für Familien. Patmos, Ostfildern.

Svendsen, L. F. H. (2022): Philosophie der Einsamkeit. 3. Aufl. Marix / Verlagshaus Römerweg, Berlin.

Szücs, D., Köhler, A., Holthaus, M. M., Güldenring, A., Balk, L., Motmans, J. & Nieder, T. O. (2021): Transgender health and healthcare during the COVID19 pandemic: A cross-sectional online survey in German-speaking countries. In: Bundesgesundheitsblatt Gesundheitsforschung Gesundheitsschutz 64(11), 1452–1462. https://pubmed.ncbi.nlm.nih.gov/34622306/ (Zugriff: 13.12.2023).

Tamcke, M. (2010): Tolstojs Religion. Eine spirituelle Biographie. Insel, Berlin.

Thun-Hohenstein, L., Lampert, K. & Altendorfer-Kling, U. (2020): Resilienz – Geschichte, Modelle und Anwendung. In: Zeitschrift für Psychodrama und Soziometrie 19, 7–20.

Tillich, P. (1978): Mythos und Mythologie (1930). In: Ders.: Gesammelte Werke. Bd. V: Die Frage nach dem Unbedingten. Schriften zur Religionsphilosophie. Hg. von R. Albrecht. 2. Aufl. Evangelisches Verlagswerk, Stuttgart, S. 187–195.

Timmermanns, S., Graf, N., Merz, S. & Stöver, H. (2022): „Wie geht's euch?" Psychosoziale Gesundheit und Wohlbefinden von LSBTIQ*. Beltz, Weinheim/Basel.

Traar, C. (2018): Wenn Menschen spurlos verschwinden. In: Kleine Zeitung, 25.5.2018. https://www.kleinezeitung.at/oesterreich/5435116/10000-Vermisset-pro-Jahr (Zugriff: 14.12.2023).

Trevisan, A. (2019): Depression und Biographie. Krankheitserfahrungen migrierter Frauen in der Schweiz. transcript, Bielefeld.

Twenge, J. M., Haidt, J., Blake, A. B., Cooper McAllister, C., Lemon, H. & Le Roy, A. (2021): Worldwide increase in adolescent loneliness. In: Journal of Adolescence 93, 257–269.

UN-Behindertenrechtskonvention (o. J. a): Menschen mit Behinderung. https://www.behindertenrechtskonvention.info/menschen-mit-behinderungen-3755/ (Zugriff: 13.12.2023).

UN-Behindertenrechtskonvention (o. J. b): Übereinkommen über die Rechte von Menschen mit Behinderungen. https://www.behindertenrechtskonvention.info/uebereinkommen-ueber-die-rechte-von-menschen-mit-behinderungen-3101/ (Zugriff: 15.12.2023)

UNO-Flüchtlingshilfe (2023): Zahlen & Fakten zu Menschen auf der Flucht. https://www.uno-fluechtlingshilfe.de/informieren/fluechtlingszahlen (Zugriff: 13.12.2023).

Voß, H.-J. (2023): Einführung in die Sexualpädagogik und Sexuelle Bildung. Basisbuch für Studium und Weiterbildung. Kohlhammer, Stuttgart.

Wa Baile, M., Dankwa, S. O., Naguib, T., Purtschert, P. & Schilliger, S. (Hg.) (2019): Racial Profiling. Struktureller Rassismus und antirassistischer Widerstand. transcript, Bielefeld.

Wagner-Simon, T. & Benedetti, G. (1984): Traum und Träumen. Traumanalysen in Wissenschaft, Religion und Kunst. Vandenhoeck & Ruprecht, Göttingen.

Weiß, B. (2012): Vier Schritte aus der Einsamkeit. So lässt sich der „soziale Schmerz" lindern. In: Tagesspiegel Online, 1.9.2012. https://www.tagesspiegel.de/wissen/so-lasst-sich-der-soziale-schmerz-lindern-2129638.html (Zugriff: 15.12.2023).

Weiss, R. (1973). Loneliness: The experience of emotional and social isolation. MIT-Press, Cambridge, MA.

Wendler, D. (2012): Beten. Heilsame Kräfte entdecken. Grünewald, Mainz.

Wisler, M. (o. J.): Wir wagen keine wirkliche Intimität mehr. In: KONTEXT #06, S. 9–11. https://promentesana.ch/assets/files/1_Angebote/2_Anzeichen-erkennen/kontext_6_einsamkeit.pdf (Zugriff: 27.11.2023).

Woratschka, R., Rövekamp, M. & Burchard, A. (2019): Millionen Deutsche betroffen: Das wachsende Leiden Einsamkeit. In: Tagesspiegel Online, 4.6.2019. https://www.tagesspiegel.de/politik/das-wachsende-leiden-einsamkeit-5553757.html (Zugriff: 14.12.2023).

Wurmser, L. (1990): Die Maske der Scham. Die Psychoanalyse von Schamaffekten und Schamkonflikten. Springer, Berlin u. a.

Zink, J. (2018): Wie wir beten können. Durchgesehene Neuausg. Kreuz, Hamburg.

Zumsteg, V. (2021): Zeitgeschenke gegen die Einsamkeit. In: Badische Zeitung, 25.11.2021. eine-aktion-in-rheinfelden-schweiz-will-zeit-verschenken-print (Zugriff: 15.12.2023).